Erhart Kästner, geboren am 13. März 1904 in Augsburg, ist am 3. Februar 1974 in Staufen im Breisgau gestorben.

Alle Bücher Kästners sind byzantinischen Mosaiken vergleichbar, und so bot sich an, die literarischen Fragmente ebenfalls mosaikartig zu ordnen.

Im ersten Teil geht es um Begriffe wie Wissenschaft, Technik, Herstellung, Verbrauch, also um Kästners leidenschaftlichen Umgang mit dem Wesen der modernen Zivilisation. *Im zweiten Teil* folgen wir ihm auf das Erlebnisfeld zwischen Vergangenheit und Zukunft, geschichtlicher, also erlebter und gemessener, also abstrakter Zeit bis hin zu den Grenzproblemen des Todes. *Im dritten Teil* kommt der Zeitgenosse ins Bild in seinen verschiedenen Aspekten als Habenichts, Hungerleider, Wohlständler, Langweiler oder Auswanderer, Schweiger, Künstler, Einsiedler. Nicht Modelle des täglichen Lebens sind gemeint, sondern Symbolgestalten des Zeitgeistes.

»Es gibt einen wunderbaren Satz von Seneca: Calamitosus animus futuri anxius, tief unglücklich die Seele, die sorgend die Zukunft bedenkt. Wohl wahr. Wer die Zukunft bedenkt, ist nicht glücklich. Aber sorgend die Zukunft bedenken ist menschlich. Ohne Bedenken der Zukunft, das ist der Hund in der Sonne.«

insel taschenbuch 1267
Kästner
Der Hund in der Sonne

Erhart Kästner
Der Hund in der Sonne

und andere Prosa

Herausgegeben und mit
einem Nachwort versehen von
Heinrich Gremmels

Insel Verlag

Umschlagabbildung: Andre Kertész,
Der Hund der Concierge.

insel taschenbuch 1267
Erste Auflage 1990
Insel Verlag Frankfurt am Main 1990

Vertrieb durch den Suhrkamp Taschenbuch Verlag
Umschlag nach Entwürfen von Willy Fleckhaus
Satz: IBV Satz- und Datentechnik GmbH, Berlin
Druck: Nomos Verlagsgesellschaft, Baden-Baden
Printed in Germany

1 2 3 4 5 6 – 95 94 93 92 91 90

Der Hund in der Sonne

Es GIBT einen wunderbaren Satz von Seneca: »Calamitosus animus futuri anxius, tief unglücklich die Seele, die sorgend die Zukunft bedenkt.« Wohl wahr. Wer die Zukunft bedenkt, ist nicht glücklich. Aber sorgend die Zukunft bedenken ist menschlich. Es ist eine Wahrheit ersten Ranges, mit der gelebt werden muß: Erst durch den Blick auf das Ungewisse, die ängstliche Sorge, die Vorschau, die Hoffnung an der Schwelle der Sorge, die Angst vor der Zukunft, erst da beginnt, was den Menschen auszeichnet. Ohne Bedenken der Zukunft, das ist der Hund in der Sonne.

Kein Zweifel, der Hund in der Sonne ist in der Neuzeit zu unerwarteten Ehren gekommen, er wurde zum großen Versprechen. So lange haben die Führer der Völker Gequälten und Ungequälten den Hund in der Sonne versprochen, in einigen Ländern ist er dann schon zum Typus geworden. Allmählich wird deutlich, was dem zu Grunde lag. Eine unbändige Menschenverachtung.

Wenn man Jahre ansammelt

Zeit, Lebenszeit, je mehr sie zu Ende geht, umso flüchtiger, windiger wird sie. Das Pendel der Kinderuhr geht lang, ein tiefes, herzhaftes Tack-tack. Ein Tag, wie lange. Nächste Woche, kaum zu erwarten. Nächstes Jahr, ob das überhaupt kommt? Nicht abzusehen. Zur selben Zeit tickert die Altenuhr eilig; man muß sie schon nah ans Ohr halten, will man den Zeitvergang hören.

Eigentlich müßte es umgekehrt sein. Solange Zeit reichlich im Angebot ist, bei jungen Jahren also, müßte sie billiger, die Stunde weniger wert sein, also schneller weglaufen. Später, wenn der Vorrat zur Neige geht und es läßt sich, was noch ansteht, ungefähr absehen, müßte Zeit kostbarer werden, die Stunde teurer, der Tag geschätzter und länger. Wie man die Mark genauer anschaut und sparsamer ausgibt, wenn nur noch wenig Geld da ist, so müßte Zeit kostbarer, ausgedehnter erscheinen, wenn das Guthaben Lebenszeit abnimmt. Doch das Gegenteil wird erfahren. Gerade dann wird Zeit hastig. Da verliert sie an Wesen, wird schattig. Dann ist es, als ob es schon nicht mehr darauf ankomme. Das Jahr schrumpft, die Woche geht ein wie zu heiß gewaschene Wolle, Zeit huscht, die Tage werden gewichtlos. Leichtgewicht Stunde, Banknote Zeit ohne Kaufkraft. Jahre wie Zugluft. Zeit: je mehr man hat, umso weniger hat man. Daß das Leben kurz sei, ist eine Klage der Alten; die

Jungen finden es lang. So lang, sie machen sich keine Gedanken deswegen.

Da kann Einer sich ausmalen, wieviel Irrtum, Mißverständnis und Haß, wieviel Durcheinander, wieviel Unverstand in die Welt kommt schon dadurch, daß Viele zur selben Zeit leben, die eine verschiedene Erfahrung ihrer Zeit haben: die Älteren, die ohnehin eine andere Zeit überschauen als die später Geborenen, und denen außerdem Jahr und Monat in einem ganz anderen Rhythmus dahingeht, und die Jüngeren, denen die Welt erst mit ihrer Geburt anfing und deren Tage außerdem anders ablaufen. Was für ein verrücktes Orchester. Ein Orchester, bei dem Jeder auf einem ganz anderen Platz im Theater, Jeder in einem anderen Rang sitzt, und außerdem noch nach einem ganz anderen Takt spielt.

Zeit also, je weniger da ist, umso billiger wird sie. Obwohl Jeder, der Jahre ansammelt, diese Erfahrung gemacht hat, und obwohl es sich um etwas handelt, das wichtiger für uns Alle nicht sein könnte, denn Zeit, das sind ja wir selber, geht man so darüber hinweg: allbekannt, ist halt so, keine Neuigkeit, wozu Allbekanntes auspacken. Während man wie besessen erforscht, was des Forschens und Wissens kaum wert ist, blieb dies im Halbdunkel.

Man müßte doch sagen: Dann ist Zeit also gar nicht, wofür wir sie hielten? Dann kann Zeit gar nicht Zeit sein? Wenn Zeit, je rarer sie wird, umso flüchtiger ist, windiger, billiger, wertloser, so kann sie nicht das sein, als was wir sie auffaßten. Dann werden wir unseren Begriff von der Zeit durchsehen müssen und ändern.

Denn wir dachten doch: Zeit, das müsse so etwas wie ein Gerüst sein, ein Gestell, ein Regal mit gleichgroßen Fächern, in welche wir dieses und jenes, viel oder wenig einordnen. Wir dachten: Zeit, ein Zahlengerüst. Wir dachten: Zeit, ein Terminkalender für Einträge. Wir dachten: Zeit, eine Geschichtstabelle zum Einschuß von Taten. Wir dachten und denken: Zeit, das ist etwas, worein wir eines Tags einsteigen und eines anderen Tags wie aus einem Paternoster aussteigen. So blicken wir doch in die Geschichte zurück und so voraus in die Zukunft. Zeitrechnung. Die Zeit, eine Rechnung.

Aber ist es so? Gelebte Zeit und gemessene Zeit, das läuft nebeneinander, abgetrennt voneinander, die zwei Zeiten sind aneinander gefesselt, aber wider Willen. Sie zerren, wollen von einander loskommen, ihre Wege gehen, müssen zwar mit einander leben und irgendwie auskommen, doch verschweigen sie viel vor einander. Sie haben nur einen Teil ihres Wesens gemeinsam, wenig mehr als den Namen. Das ist nichts Neues, Jeder kennt, Jeder erfuhr das, jede Nacht hat das, jeder Tag auch, und immer sind wir gezwungen, die beiden Zeiten zusammenzutun, sie zu verrechnen. Es ist unsere tägliche Mühe. Eine Schmerzstunde war endlos, aber der Blick auf die Uhr behauptet, es war eben bloß eine Stunde. Welche Zeit hatte recht? die Uhr? unser Schmerz, unser Leben? Ein Traum, eine Reise, glückgeschmolzen, niegesehene Ufer. Aber die Uhr meint: es war nur ein kurzer Schlafmorgen. Was gilt nun? Was ist wichtiger? die Uhr? unser Glück, unser Leben? Was zählt? Die Zeit unserer früheren Jahre, die Langzeit, oder die spätere Huschzeit?

An die eine Zeit und zugleich an die andere gefesselt, haben wir dennoch unsere Vorliebe. Wir haben von jeher die Freiheit der Vorliebe, wir haben die Freiheit zu wählen. Wir können der vermessenen Zeit unsere Seelen verschreiben und wir können es mit der Lebensuhr halten. Freilich, der Einzelne wird eingeschränkt in seiner Wahl sein; Zeitalter haben sie, können so oder so wählen.

Zeit, unser Fremdland

Kaum noch auszudenken, daß es Jahrhunderte gab, die nicht so viel hielten vom Zeitmessen. Wenn man für einen Augenblick, einen Wolkendurchbruch, sehen will, was uns vom Altertum abtrennt, von der Antike, so braucht man sich bloß zu erinnern, daß es die Uhr nicht gewollt hat. In Athen, auf dem Marktplatz, man verabredete sich auf die dritte, auf die siebente Stunde. Aber das waren die Stunden, gezählt nach dem Sonnenaufgang, und der rückt ja. Eine vage Zeitrechnung, eher Zeitschätzung. Oder es hieß: »Wenn der Schatten zehn Fuß lang ist.« Auch vage, und nicht immer schien Sonne. Keine Uhr also. Kein Bedarf. Hätte man machen können, versteht sich. Aber keine dahin gehenden Wünsche. Wohl auch ein tiefer gegründetes Mißtrauen gegen so etwas. Und jetzt die Atom-Uhr.

Doch ging es. Auch später die Turm-Uhr, die so viele Jahrhunderte lang die Zeit maß, muß recht gehört werden; über ihr, oben auf der Turmspitze, saß ja der Turm-Hahn, genialer Einfall, und so wurde jeder Stundenschlag zu einer Erinnerung an den Hahnenschrei Petri, an Abfall also, an Zurückbleiben, Ungenügen, Versäumnis. Was für eine ernste Zeitmessung.

Früher hieß es: »Wer weiß, was uns blühen mag.« Jetzt mögen wir es aufs Blühen nicht mehr ankommen lassen; zu oft verregnete Blühzeit. So setzen wir unsere Zuversicht auf das Messen. Wir sind überzeugt, die Welt läßt sich ausrechnen. Lebenszeit nebensächlich, unwissenschaftlich. Träumerisch, rückständig. Geht heute nicht mehr. Allenfalls Sache von ein paar Zurückbleibern, Spinnern, Streunern und Gammlern. Von Schwarmgeistern, jugendlichen Protestanten gegen die Neuzeit. Geht vorüber. Unwichtig.

Hingegen jeder Zeitgemäße trägt seine Handschelle, Handfessel und denkt an Fahrzeit und Flugzeit. Wird die Welt ausgemessen, so fängts mit der Zeit an. Man will, messend und rechnend, die Zeit in den Griff bekommen; man liebt diesen Ausdruck. Dabei meint man die Zeit nicht, die gelebt wird; sie rinnt und rinnt wie von jeher. Gemeint ist die Zeit, die bevorsteht; Zeit wird in jedem Falle gemessen der künftigen wegen: um zu planen, ein Programm einzuhalten, vorauszuberechnen. Jetzt, wo die gemessene Zeit in solchem Maß überschätzt wird, will man die Zukunft ausrechnen. Die Zukunft vorzuberechnen: Neuzeit mußte daraufkommen. Das Ungewisse, die nächste Stunde also, die nächste Minute, das nächste Jahr und das nächste Jahrzehnt muß vorausberechnet und festgelegt werden. Denn das Ungewisse ist immer die Zukunft und das Ungewisse soll und darf nicht mehr sein. Kein Zweifel, kein Schicksal. Steuerung, Programmierung. Neuzeit ist Meßzeit.

Die Welt auszurechnen, das ist der Wille der Neuzeit, ihre frohe Botschaft, der einzige ihr noch verbleibende Glaube, der allen anderen auffraß. Die Welt auszurechnen, zu steuern und zu einer perfekten zu machen. Wir müssen, wir können, wir werden diese Welt ausrechnen. Wir, die Weltlenker.

Doch während wir rechnen und rechnen, bleibt die

Zeit, was sie immer war. Die Zeit, unser Leben. Irgendwann wird Jeder daraufkommen, daß es seine Lebenszeit ist, die durch ihn rinnt; das ist von jeher.

Zeit ist, was sich immerzu fortwirft. Immerzu fortspült und forttut. Schiebt weg, was da ist, aber wird sogleich selbst weggeschoben. Zeit ist, was sich selber frißt. Zeit: Je mehr Einer sammelt, umso weniger hat er. Zeit: Je mehr Einer anhäuft, umso behender vergeht sie. Sie verhöhnt jede Rechnung; Zeit kümmert sich nicht um die Rechnung. Meßzeit ist nicht Lebenszeit. Was man der gemessenen Zeit dazugibt, wird von der gelebten Zeit abgezogen. Die Rechnung, sie geht auf Rechnung des Lebens.

Zeit: Je mehr Einer hat, umso weniger hat er. Was Zeit ist, eröffnet sie nur im Vergang, wenn sich die Jahre ansammeln. Messung ermißt das nicht. Das Gewürz Wehmut, das bei dem Wort Zeit ist, wird Jeder essen und schmecken.

Zeit ist, was dazu verführt zu glauben, wir besäßen sie: als unser Kapital, und wir könnten verfügen darüber. Aber stimmt das? Zeit ist, was sich mit der Zeit ändert. Älterwerden heißt fremdwerden. Älter heißt fremder und fremder. Zeit, unser Fremdland.

»Zu meiner Zeit«

»Zu meiner Zeit«: ich wüßte im Augenblick keine andere Wendung zu nennen, die mich so rührte. Also gibt es in jedermanns, auch in meinem eigenen Leben, eine Zeit, die nicht die meinige ist? Meine Lebenszeit und doch nicht die meine? Und überhaupt: es gibt also zweierlei Sorten von Zeit? Eine eigentliche und eine, die gar nicht die richtige ist?

Welch ein Geständnis. Es ist wahrscheinlich, daß diese Wendung ihren Ursprung in Frauenmund hat. Frauen beziehen ihre Aufschwünge mehr als wir aus den Jahreszeiten des Lebens. Die großen Geschenke kommen ihnen aus dem Lebenszeitlichen zu; was der Mann sich erkämpft, erhalten sie zum Geschenk, müssen es freilich auf Heller und Pfennig abzahlen. Sie, deren großes Glück ist, Leben zu schenken und sich von Leben umgeben zu sehen, müssen hinnehmen, daß die Zeit ihnen diese Geschenke, eins nach dem andern, entzieht.

Durch den Zeitenschleier immer noch wahrnehmen können: das macht »meine Zeit« aus. Der Anblick ist etwas, was einen stärkeren Grad von Leben verleiht: also etwas sehr Ernstes. Denn das Schattenhafte, das doch nichts anderes als die vortastende Todeshand ist, das Schattenhafte aus dem Leben zu bannen, muß versucht werden. Da »Leben« das Gleichnis- und Schlüsselwort für die Kraft und die Herrlichkeit ist, muß alles darangesetzt werden, um Zeit zur »eigentlichen«, zur »meinen« zu machen. Erfüllt muß sie sein.

In Zeiten, die die meinigen sind, ist es, als bekämen wir zu unseren Sinnen noch einen neuen geschenkt: dann sind uns Blicke verliehen, die lauter Lieben auf den ersten Blick sind. Dann ist es, als kreisten Tropfen eines Elixieres mit unserem Blut, das unsere Sinne mit leidenschaftlicheren Umarmungskräften begabt. Dann ist es so, daß Welt und Werke einen Morgenglanz haben, den zu erblicken eine Erbschaft aus dem Paradiese sein muß – oder es hat niemals ein Paradies für die Menschheit gegeben. Dann wird deutlich, daß die Paradiesesvertreibung nicht bloß in jedem einzelnen Leben, beim Schritt aus der Kindheit, sondern in jedem Leben viele Male geschieht. Wie käme es sonst, daß wir im Stand sind, zu Zeiten, die wir »die meinigen« nennen, den Prägedruck der Schöpferhand, ihr letztes, gutheißendes Aufliegen vor dem Entlassen, in einem fortwährenden Nachglanz noch immer und immer auf den Geschöpfen zu sehen, wenn wir den Druck dieser Hand auf unserer eigenen Schulter nicht dunkel noch wüßten?

Nur das ist es, was die Dichter notwendig macht: daß sie Sucher und Finder und Sager von diesem Verheißungsglanz sind. Wenn sie es gesehen haben, dann sehen es alle, bloß, wer wäre in all dem überwölbenden und zusammenschlagenden Dunkel auf diesen Sternenschimmer gekommen?

Zeit ist Chance

Über die Zeit kann man nur als Christ nachdenken, oder anders: man wird zum potentiellen Christen, wenn man über die Zeit nachdenkt. Denn: ein Wert ist sie nicht. Etwas Feststellbares, Meßbares, Unveränderliches ist sie auch nicht. Sie ist bloß eine Chance. Ein Potential, eine Möglichkeit. Das geht aus ihren Eigenschaften hervor.

Sie ist selber ein leeres Gefäß. Aber, solang man Zeit hat und sonst nichts, bleiben diese Gefäße das einzige, womit wir Fülle auffangen können. Freilich, wenn wir Fülle auffangen, ist es sofort keine Fülle mehr, denn Fülle in Töpfen, was ist das?

Zeit für sich selber gewonnen: das Leere an sich.

In der Erinnerung bleiben es doch nur wenige Augenblicke, die wir wirklich erlebten; wie Inseln aus dem Nebelmeer ragen dann einzelne Stunden und Tage herauf. Alles andere versank.

Tod im Mai

Offenbar stirbt es sich leichter, wenn noch viel Lebenszeit da ist, jung also. Leichthin, fast genial, wird da nicht selten gestorben. Es gibt ja, was man jugendgenial nennt; hier scheint sichs zu zeigen.

In den höheren Jahren aber, wenn der Tod ohnehin ansteht, wird er zur Felswand, zum Rätsel, das ratlos macht, und die Meisten sterben ihn ratlos.

Wie seltsam, wie auffallend: Wenn der Tod teuer ist, glückt er leichthin. Einen Reichtum verschenkt man; einer Bagatellsumme wegen feilscht und geizt man.

Es gibt nur einen Schluß, der einen solchen Widerspruch auflöst: Unsere Vorstellung, daß Zeit, Lebenszeit eine Art Kapital sei, mit welchem man wirtschaften müsse, ist fragwürdig. Unsere Zeit muß etwas wie eine Schuld sein. Sie loszuwerden, so lang sie noch groß ist, wäre alsdann von Vorteil.

»Das Zeitliche segnen«. Wer sich nur solche Wendungen zum ersten Mal ausgedacht hat, die tausend Jahre Theologie in sich tragen? »Das Zeitliche segnen«. Eine Redensart, aus zehntausend Erfahrungen wie aus Rosenblättern gewonnen. Wahrscheinlich gehört diese Wendung zu dem Unverlierbaren, das der Schrecken des Dreißigjährigen Kriegs der deutschen Seele abgepreßt hat.

Der Tod vor dem Tod

Wer redet von denen, die ihren Tod vor dem Tod sterben? Mit siebzehn, achtzehn versprechen sie alle, etwas Außerordentliches zu werden; man möchte einen Eid darauf schwören, daß Besseres nachwächst. Da nimmt man Versprechen entgegen, als ob sie schon erfüllt wären. Mit achtzehn behaupten sie alle, sie würden bloß ihren Weg gehn, einen Weg, der niemand anderem gehöre, einen Weg, den sie allein spurten. Da sprechen sie wie die Künstler: es gebe bloß den Weg, den man selber bahne und jeder andere sei wertlos.

Wenn man dann einen Augenblick wegschaut und wieder auf diese Jungen zurückkommt: wie fielen sie ab in die allergemeinste Routine. Wie sanken sie ein ins Geröll der Jahre, das auf sie einhieb wie Steinschlag. Es ist gefährlich, das zu beobachten, denn dann sieht man auf einmal in jedem Jungen nur noch den Lebensstümper von morgen, den langweiligen Beiwohner, den kleinlichen Vorgesetzten, alles saure Spinner, Pflichterfüller, Verdiener, Idealisten, die irgendwelchen Doktrinen anhängen, weil sie sie auswendig lernten und nun ihr Leben lang aufsagen. Ohne nachzuprüfen, ob ihr Glaube, sterblich wie alles auf Erden, nicht lang schon dahinstarb, sodaß sie Gestorbenes im Mund wälzen und man sich vor dem Dunst ekelt? Sie haben den Mut nicht, sich zu gestehen, daß sie Lebensjahre vergeblich anlegten. So ziehen sie vor, den Rest ihres Lebens auf Hohlem zu leben, in Gesellschaft von Anderen, die auch lügen.

So verkümmern die Meisten, die einen im Elend, die anderen im Wohlstand. Anfänglich versichern sie Alle: Ich niemals. Alle anderen, bloß ich nicht, und sind voll Verachtung für die Väter. Aber dann: etwas anderes ist zu mächtig gewesen. Was war es? Was ist es? Der Tod, der Tod in einer Verkleidung, die man nicht genügend erkannt hat. Es ist kein geringer Teil seiner Stärke, daß man ihn in solcher Verkleidung nicht Tod nennt.

Der Athos

Der Athos, eine Bloßstellung der Neuzeit. Der Neuzeit, die sich so großtut mit allem, was sie erreicht hat und mit dem, was sie demnächst erreichen wird, wenn sie die Welt verändert und nach der Veränderung schleunigst wieder verändert und dann wieder, und damit jedenfalls zugibt, daß sie sich selbst haßt.

Die Neuzeit, ihr Selbsthaß, ihr Aschenmut, ihr Am-Ende. Ihr unmäßiges Erzeugen von Leben, wo ihr doch der Sinn des Lebens abhanden kam; ihre Antwort auf die Frage nach dem Lebenssinn ist so kümmerlich, wie sie noch nie war.

So ihr unbedachtes Verlängern von Leben, ohne daß sie dem Alter einen Sinn zu geben vermöchte; nie war das Alter, also das Leben so sinnlos. Also Verlängerung von leider mehr und mehr Sinnlosem, Vermehrung von Unsinn.

Ihr Schnellverbrauch von Heilslehren. Ihr Versuch einer Steuerung der Begabung, ohne daß sie Willens wäre, diesen Versuch zu bedenken. Denn Begabung, von jeher als Gabe verstanden eines unbekannten, freilich unbegreiflichen, freilich unerforschlichen Gebers: aber Unerforschlichkeit darf nicht mehr sein, eben das heißt ja Neuzeit. Also wird, durch Wissenschaft, der so oder so Begabte selbst der Geber sein der Begabung. Da müßte er also von Grund auf gut sein, und der am meisten Gute der Stärkste, so wie Gott, wenn Gott Gott ist und man sich nicht mit der kläglichen Auskunft von

Göttern begnügt, so wie Gott der Gute Gott sein muß, mag auch seine Welt unbegreiflich, mißglückt und verderbt sein. Aber wird der künftige Geber der Gaben denn gut und zugleich mächtig sein? Die großen Götzen, die Baalspriester, die Volksgötter, die das Jahrhundert beherrschen, lassen schaudern.

Man kann am Athos mancherlei aussetzen, aber nicht, daß er nicht habe, wonach hier zu Land nicht gefragt wird: Seelenfrieden.

Ars Moriendi

Wir Bewohner der Neuzeit sind wie von etwas, das gar nichts anders sein könnte, davon durchdrungen, daß Zeit, unsere Lebenszeit also, den Charakter eines Kapitals habe, das wir gut oder schlecht anlegen können, mit dem wir gut oder weniger gut wirtschaften und das wir, wenns geht, angehäuft hinterlassen. Hauptsache ist das Anlegen, und der Gewinn nennt sich: Werke, Aufstieg, Laufbahn, Erfolg, Ruhm, und sei es Ruhm im allervulgärsten Sinne der Ausschreiung, der Lust, sich in recht vielen Mündern zu wälzen, auf recht vieler Rücken zu stehen, recht viele Untergebene, Anhänger, Umgestimmte, Hörige, Neider als Untertanen der gleichgemachten Gesellschaft zu haben. Ob der Erfolg im plattesten Sinne angesammelten Geldes und gezeigten Aufwandes, oder im edleren Sinne ärztlichen Tuns oder des Kunstwerks gedacht wird, macht gewiß einen folgenreichen Unterschied, der aber hier nicht gemeint ist. Einen wesentlichen Unterschied macht es nicht. Gute fromme oder gute Gesammelte Werke: nur kein Stolz. Werke sind Werke.

Wie aber, wenn Zeit, Lebenszeit gar kein Kapital wäre, nichts dergleichen? Wenn es gar nicht darauf ankäme recht weit nach oben zu kommen? Wenn es verfehlt wäre, recht viel herauszuholen, recht viele solcher Gewinne zu machen? Eine recht große Lebens-Rendite? Wenn dieses Schema von Anlagen und Gewinnmachen falsch wäre?

Wenn die Kunst aller Künste darin bestünde, Lebenszeit zu verlieren? Zeit aufzulösen, Lebenszeit durchscheinend zu machen, durchschimmernd? Lebenszeit zu entzeiten?

Die alte Kunst aller Künste, müßte ich sagen. Denn dem Osten und was von dort zu uns herüberschlug, galt es für gewiß, daß es gut sei, sich von der Zeit immer wieder, wie auf Probe, zu lösen, aus der Zeit auszusteigen. Das Kapital leicht und gern wegzugeben wie einen verdächtigen Geldschein.

Und was hieße das: Die Kunst, Zeit zu verlieren? Ars moriendi, ars perdendi? Was wäre das?

Indem man darüber nachdenkt, ist man wohl schon am Anfang des Pfads, die alte Kunst zu erlernen.

Kranich-Tanz

Archäologie leidet darunter, daß sie nur ausgraben kann, was handgreiflich real ist. Das Köstliche ist abgeflogen. Man muß glücklich sein, wenn man Spur und Stelle des Abflugs, den Abdruck noch sehen kann.

So fiel mir in Delos auf, daß von dem, was in den großen, archaischen Zeiten die Mitte des Fests, und also die zärtliche Mitte von allem war, was wir mit dem Hochnamen Delos verbinden, nichts mehr zu sehen ist. Ich meine den Altar Apollons.

Nicht einmal mehr die Stelle, wo er stand, ist ganz sicher, so daß viele Führungen, auch gelehrte und stundenlange, an dem Quadrat von Grundmauern vorbeigehen, über dem sich der Raum erhoben haben kann, in welchem dieser Altar stand. Er war aus dem Gehörn von wilden Ziegen geflochten, ein Kubus. Später konnte man es sich nicht mehr erklären, wie es möglich gewesen war, die gewundenen Hörner so ineinander zu verflechten, daß ein Kubus daraus entstand. Er galt als unauflöslich und war eines von den Weltwundern. Noch zu römischen Zeiten, als der Geschmack sich vom hirtenmäßig Einfachen und Uralten weit abgewandt hatte, pflegte man diesen Altar, hielt das Horn mit Öl glänzend, so daß sein Wuchs aufschien.

Gehörn der Wildziege. Da muß man archäologischen Aufschluß vom frischen Quell holen. Die wilde Ziege, das Agrimi, hat sich auf der Insel Kreta in den Weißen Bergen, hoch droben am Wolakias und Prinias in wenigen Exemplaren erhalten. Wer diese scheuen, springfrohen Tiere, die voller Anmut sind, gesehen hat, kann verstehen, daß sie so viel Appell an die Burschen der Südküste haben, daß sie ganz närrisch darauf sind, sie zu jagen. Da hat zur Folge, daß die Tier-Art auf dem Punkt ist, ausgerottet zu werden. Noch aber läßt sich anschauen und vorstellen, daß ein solches Anmut-Geschöpf einem Hirtenvolk gottnah schien.

Auch von einer anderen Seite her kommt archäologischer Aufschluß. Um diesen Apollon-Altar aus geflochtenen Hörnern der Wild-Ziege wurde im Frühjahr, bei den delischen Festen, getanzt. So wie der Altar das geliebte und gehütete Zentrum der heiligen Insel war, so war dieser Tanz hochberühmt und das Zentrum des Festes. Er hieß Kranich-Tanz und wurde von jungen Männern getanzt. Kranich-Tanz, das ist ein Wort und ein Name; wenigen wird es viel sagen. Vielleicht, daß er die vage Vorstellung von Storchenschritten und langen Hälsen hervorruft. Auch ich hörte über das Wort hinweg, bis ich, später, das Wanderglück hatte, Kraniche tanzen zu sehen. Von großer Uferhöhe an der Finger-Wurzel der Chalkidike nämlich konnte ich auf eine Lagune hinabschauen und sah Kraniche tanzen. Ihr Verneigen und Stolzieren, ihr Flügelschlagen und Drehen, ihre schwärmerischen Kreisflüge, ihre Sprünge, die hoch in die Luft gehen, ohne daß sie ihre Schwingen dabei entfalten, ihre Verneigung vor dem Kollegen, das ganze Gemache bezaubert. Es gibt da auch Humor, denn es kommt vor, daß so ein gefiederter Tänzer ein Stück Treibholz oder was gewesen sein mag, ich konnte es so genau nicht erkennen, in die Luft warf und wieder auffing, also scherzte.

Kommt dazu, daß die Tierkunde den Kranich-Tanz nicht als bloßen Balz-Tanz ausweist, denn auch außer der Balz-Zeit, so höre ich, finde er statt, und es tanzen auch beide Geschlechter. Er ist also nicht, wie man meinen könnte, in die List der Leben-Weitergabe verflochten, vielmehr zwecklos. Er ist Glück, Spiel, Körper-Lust, Anmut, Gelenk-Freude, Selbstgenuß der Bewegung, Tanz eben. Der Kranich ist ja auch der Gefährte des Orpheus.

Wir wissen nicht mehr, wie der berühmte Geranos, der Kranich-Tanz um den Altar des Apollon vor sich ging. Aber das können wir sagen: voller Glück, voller Anmut und voller Einfälle war er. Vielleicht war jeder Tänzer in sich selber versunken, so wie Mädchen, ich hörte es, für sich allein tanzen, nach ihren Lieblingsmusiken, die sie sich vom Band spielen lassen, ohne Zuschauer.

Was weiß eine Zeit von der anderen. Wenig: das Meiste ist vergessen und von dem, was dann noch bleibt, ist wiederum das Meiste bloß Täuschung. Aus der Welt, die wir uns geschaffen haben in einer Zweiten Schöpfung, wie jetzt sogar Theologen, dem Zeitgeist hinterherhechelnd, behaupten, einer Welt, die von Gegenständen, die wir erforschen, gefüllt ist, aber nicht mehr von Dingen, läßt sich schwerlich hinüberblicken in eine andere, vorige, in der alles noch Zeichen, Götterwink, Glück und Geschenk war.

II · Geschichte, Historie

Geschichte

GESCHICHTE, das ist ja nicht bloß das früher einmal Gewesene. Zwar auch das nennt man Geschichte, doch ist es beinah ein Laster, bei Geschichte zuerst ans Langvergessene, Ungefährlichgewordene, Papierene zu denken. Das Wort muß umgehört werden. Geschichte, das ist bevorstehend, drohend, auch lockend. Das ist noch ihr Schlimmstes: die Verführung, diese Urmacht: eben das ist die Geschichte.

Die keimenden, treibenden, quellenden, nicht einmal eingestandenen Wünsche, die nachts kommen, die das Licht scheuen, und am Morgen, nach Sonnenaufgang und wiedergewonnener Verfügung, überstimmt, aber nicht gestillt wurden: auch sie sinds, aus denen Geschichte geschieht. Und niemand erfährt sie, diese nächtlichen Schübe, diese Aufstände. Man erfährt die Berechnungen, die beim Tag gemacht werden; sie sind nachzurechnen. Aber sind sie das Ganze? Besteht das Leben aus Rechnung?

Das ists, was die Historie in Verruf gebracht hat: daß sie so tat, als könne man durch sie erfahren, was war. Nein, das kann man durch Aufgeschriebenes niemals erfahren, gewiß nicht.

Es war der Verrat der Geschichtsschreiber an der Geschichte, daß sie Geschichte als eine Kette von Ursachen und Folgen auffaßten. Ursachen, gewiß; Ursachen sind immer vorhanden, und Folgen, versteht sich, treiben ihre Forderung ein. Was aber Geschichte macht, das ist die Verbergung von Ursachen, das ist ihre Zudecke. Wären aus demselben Ursachenknäuel andere Folgen entstanden, die Historiker schrieben anders. So kommt es, daß sie das, was Geschichte ist, eher fälschen, wenn sie Geschichte als etwas Einsehbares aus Ursache und Folge darstellen. Die Ursachen zu einem Teil sehen, zum anderen Teil nicht sehen können, das eben ist ja Geschichte. Fortwährend täuscht man sich über Ursachen.

Daß die Geschichtsschreiber meinten, sie müßten von allem die Gründe erforschen, aus welchem es so oder so kam, hat dazu geführt, Geschichte für etwas Berechenbares zu halten. Der große Traum des Jahrhunderts: die vorausberechnete Zukunft. Berechenbare Geschichte: das ist Neuzeit, das ist der Hexenwahn des Jahrhunderts, das wäre der Endsieg des Menschen über die Mächte, der Hinauswurf des lästigen Schicksals. Es ist die Weigerung, die Qual der Geschichte anzuerkennen. Doch es könnte wohl sein, daß diese Rechnung das Allerträumerischste ist, das jemals geträumt wurde. Die allergrößte Verführung, neuer Verhängnisse Aufbruch.

Historie

HISTORIE ist etwas anderes, als wofür sie sich ausgibt. Eine überwachte, gezähmte, gedrosselte und gelenkte Dosis Vergangenheit ist sie; kein Wild mehr, vielmehr ein Haustier. Vergangenheit muß gesiebt und geformt werden, um sie zu ertragen. Diese Sturzwellen von zugefügter Gewalttat, diese Bergrutsche von Unrecht, diese jubelnden Aufbrüche in Völkerverbrechen, diese Räusche, diese Blutbäder um Heils willen und die uralte Plage von Solchen, die Paradiese versprechen, bloß, man müsse noch eine Zone von Blut und Schrecken durchschreiten – dränge das alles an, so, wie es war, so müßte ein jeder Historiker Gewalt und Geblüt eines Tragikers haben. Aber nichts liegt ihnen ferner.

Im Schattenspiel der Gelehrtenstube fließt Blut nicht. Alles geht ohne Leidenschaft vor sich, alles geht ohne Leiden. Abgekühlt alles, Leben erkaltet, kalt wie die Sprache der Generalstäbe, die jede Empfindung als weichlich verachten. Da ist alles so, wie es bestimmt niemals war. Historie, das Gegenteil von Geschehenem. Historie, das Abgezogene. Abgezogen, was das Leben eigentlich ausmacht: die Qual des Erlittenen und der jubelnde Aufbruch ins Unrecht.

Historie, das gesicherte Wissen. Aber je sicherer der Historiker auftritt, desto abgeschnittener ist er von der Geschichte. Historie behauptet, die Ursachen zu kennen, und eben deswegen lügt sie. Denn Geschichte, solange Geschichte geschieht, kennt nicht die Folgen aus

Ursachen; sie schreitet in Nebel und Dunkel. Rückblick ist Falschblick, er täuscht Wissen vor, das eben gerade nicht da war. Die Sicherheit des Historikers ist sein Unglück, sie trennt ihn vom Leben, das ein Gang ins Ungewisse, ins Dunkle, ins Namenlose und in die Schuld ist.

Historie weiß alles besser. Aber Geschichte, solange Geschichte geschieht, weiß nicht, wie es ausgeht. Geht es gut, so werden die Sieger Geschichte schreiben, denn der Untergang schreibt nicht Geschichte, er verstummt nur. Sieger sein, heißt Geschichte schreiben zu dürfen.

Historie, eine unerkannte Form der Bestechung, einer Bestechung, die nicht einmal der Bestochene so auffaßt. Wer Geschichte schreibt, ist vom Weiterleben bestochen. Er lebt, also muß er ja Recht haben.

Nicht die Historiker, vielmehr die Neuerer, Vorwärtsdränger, die Vorreiter, von denen die Leute meinen, daß sie Verächter des Überkommenen seien, waren von jeher die besten Wiedererwecker. Wohl hatten die Historiker vorher alles schon wiederentdeckt, aber ist es nicht so, daß ihre Kraft nur zu einer Umbettung hinreicht? Nur dazu, um etwas aus einem Papiergrab in ein anderes zu tun? Genügt es, Kenntnis zu haben? Nein. Es kommt auf die Kraft an, dem Überkommenen die falschen Sicherheiten zu rauben, die Sicherheiten, die aus dem Zurückblicken kommen. Es ist nötig, das Wiederentdeckte auszusetzen ins Ungewisse, ins Dunkle, das wir Zukunft nennen, hinein. Denn dort war es damals.

Neuzeit glaubt nicht an den Teufel

DIESES JAHRHUNDERT hat so viele Diktaturen gesehen, aber seine Schulaufgabe gelernt hat es doch nicht. Diese Tribunen, die windigen wie auch die fürchterlichen Figuren, sind bloß die Vorgeschichte. Tritt einer ab, so ist Aufatmen; dann kommen Jahrgänge, die genau wissen, wie sie es unter dem Schrecken, der nicht mehr da ist, gemacht hätten. Als ließe sich das Schreckliche aus dem Geschichtsbuch erlernen. Den Jahrhunderttyrannen aber, der sich dahinter verbarg, den versäumen sie. Sie sehen ihn gar nicht, wollen ihn auch nicht gewahren; was wäre das auch für ein trauriger Teufel, den Alle gleich merkten.

Ablenkung gehört ja zum Teufel. Man muß sich hüten, zu schnell einen Namen für ihn zu haben, ihn zu schnell zu fixieren. Der Teufel, sobald er fixiert ist, springt ja. Uralte Lehre vom Bösen; warum glaubt man, darüber hinweggehen zu können, was in Jahrhunderten über das Gute und Böse, über Heil und Unheil gedacht ist? Man müßte doch wissen: es ist ratsam, sich darauf zu beschränken, den Bösen zu wittern, zu orten, seinen derzeitigen Aufenthalt zu vermuten, nie aber ihn zu fixieren. Wer allzu Genaues weiß über den Teufel, den hat er. Wer glaubt, er könne ihn stellen, der glaubt auch, daß er ihn abschaffen könne. Das aber ist es, da liegt es: in diesem Augenblick besitzt ihn mit großer Gewißheit der Teufel. Neuzeit, das heißt: sie glaubt an die Güte des Menschen, an Glückzustände, an die wohleingerichtete, schmerzlose Glückswelt, die keinerlei Bosheit mehr hat. Neuzeit, das heißt: schwache Beziehung zum Bösen; schon Mephistopheles war vorwiegend komisch. Neuzeit glaubt nicht ans Böse; so viel Hilfe hatte es nie. Sie hält es für einen Rückstand, einen Mangel an Wissenschaft, tilgbar. Nur noch dies eine Übel, nur noch dieser eine vermeintliche Teufel muß abgeschafft werden, dann ist die Welt eine einzige glückliche Vorstadt.

Gebirge vor den Texten

Unglaubliche Leistung der Philologen, Historiker, Kommentatoren. Was für ein Jahrhundert, das dieses alles hervorgebracht hat. Gebirge türmen sich vor jeden einzelnen Text: ein Narr, wer meint, er könne zum Text ohne übers Gebirge gelangen. Ein Narr aber auch, wer meint, er könne übers Gebirge zum Text hin gelangen, denn so einfach ist es doch auch nicht.

Leider. Wie weise, wie erfahren, wie erleuchtet müßte das Jahrhundert nach dem Jahrhundert der Philologie und Historie sein, wie mächtig, zeugniskräftig, erfahren. Daß es dies nicht ist, daß es nicht einmal in den Besitz des so mühsam Erworbenen gelangt ist, ist leider Gottes am Tage.

Es ist so gekommen, daß sich lächerlich macht, wer sich vermißt, dies Gebirge zu umgehen, um in den Genuß eines alten Textes, eines alten Bilds zu gelangen, ohne Übersteig übers Gebirge. Doch würgt das Lachen über solche Käuze im Hals, denn für die verlorene Naivität, die ein für alle Male verscherzt und zum Hochmut des Ignoranten verrutscht ist, was ist dafür eingetauscht worden? Gräbt man sich in die Massen des Erforschten mit dem Gewinn ein, nahe dem ersehnten Texte zu sein? der alten Weisheit? der Schönheit altgewordener Verse? Spürt man den Atem Homers, wenn man die Schuttberge der homerischen Forschung durchwühlte? der Sappho? Doch wozu sonst die Berge?

Wie seltsam, daß zu fragen, schon Mißvergnügen erweckt; Mißtrauen schafft und die ärgerlichen Mienen der Forscher auf sich zieht. Das immerhin bleibt das Rätsel bei allem, warum man die Forscher gegen sich hat, wenn man, selber ergriffen, auf die Schwierigkeit ihrer Forschung den Blick lenkt. Denn das darf nicht gesagt werden, daß die kunsthistorische Forschung wegführt vom Kunstwerk, auch nicht, daß es lächerlich ist, auf die Forschung verzichten zu wollen. Shakespeare hat für die Anglisten geschrieben: diese Überzeugung gewinnt man, solange man einer Tagung der Shakespeare-Gesellschaft beiwohnt. Die nicht teilnehmen, lachen darüber. Niemand ist da, der zwischen den beiden Feindfronten dolmetscht. Sie sprechen nicht miteinander.

Wie kommt es, daß die Philologie nervös wird, sobald sich ein anderer mit den Texten beschäftigt? Welche Engherzigkeit? Wo doch die Philologen sich freuen müßten, den Wegbereiter zu machen. Sie aber halten die Fahne ihrer Zunft hoch, als wenn es ein Fußballklub wäre und ihre Wissenschaft ein Patriotismus, aus dem auszutreten Verrat ist.

Waren die großen Übersetzungen auf philologischer Höhe? Stimmt Luther? Woher die ungeheure Wirkung seiner Übersetzung, in welcher die Philologie nun verbessert, Flicken aufsetzt, zurechtrückt?

Altstädte

Wie verrückt sie waren, diese Altstädte, diese Geniste. Wie verstiegen. Jede Stadt dachte sich andere Verrücktheiten aus, man sieht sie, bloß daß man sich allzusehr an sie gewöhnt hat. Offenbar hatten sie damals einen anderen Zweck im Kopf. Der Zweck war eben, eine Stadt schön verrückt zu machen; das Absurde als Heimat. Man war Freund mit dem Unvernünftigen; offenbar wußte man, was die Neuzeit, die moderne Wissenschaft also, vergaß: daß die Vernunft, wenn sie mit Unvernunft nicht im Spiel und Widerspiel ist, die radikale Vernunft, unausstehlich ist, grausam, lebensfeindlich, unmenschlich, und auch gar nicht Vernunft ist.

Vernunft und Unvernunft, das ist ja wie Schlafen und Wachsein; eins ist nicht ohne das andre, und das eine kommt aus dem anderen. Dabei will auch bedacht sein, daß Schlafen und Wachsein nicht deutlich gegrenzt sind, denn es gibt den Halbschlaf, den Tagtraum, es gibt also den Einfall, der nicht aus dem Schlaf und nicht aus dem Wachsein, und nicht aus Vernunft und nicht aus Unvernunft kommt, eher aus deren Randspalten.

Aber Neuzeit, die Weltausrechnung, die totale Wissenschaft also, will ganz und gar aus Vernunft leben. Das ist der Wille zu ununterbrochenem Wachsein. Das wird sie bezahlen müssen. Ihre übervernünftige Rechnung wird ihr nicht den Gefallen tun, daß sie aufgeht. Wie der Übermüdete in einem Augenblick in den

Schlaf fällt, der höchste Gefahr bringt, so wird sie ins Vernunftlose nicht sinken, sondern gestoßen werden, und es wird eine Unvernunft sein, die mit keiner Vernunft mehr im Spiel ist. Es wird kein guter Schlaf sein. Es kann nur ein Schlaf sein mit Albträumen.

Diese alten Winkel, diese Stiegen in die Unterstädte hinab, diese Anbauten, Zubauten. Es kann doch nicht so sein, wie es unser Hochmut sich vorstellt, daß sie es halt nicht besser verstanden. Irrtum; sie verstanden es besser, eine Stadt bewohnbar zu machen; sie Meister, wir Stümper. Da war man nicht, wie es jetzt ist, gezwungen, die Stadt, in welcher man wohnen muß, unerträglich zu finden, und das Land, dem man angehört, nicht mehr besonders zu lieben; Heimat, Heimat abhanden gekommen. Was heißt denn noch Heimat? Eine altgewordene Vokabel.

Diese Treppen durch Häuser hindurch zum Nachbarn, dessen Haus dicht darüber am Hang liegt, und durch dessen Haus wiederum weiter nach oben. Alles verzwickt und verbaut und vererbt und vernutzt und verschroben. Man möchte nicht mehr so wohnen. Aber das ist es nicht; an diesem Punkt, an dieser schwierigen Denkstelle gibt es viel Trugschluß und Irrtum. Es ist die Logik der Ofenhocker, Heil im Rückweg zu sehen, weil ihnen der Kreuzweg mit Recht nicht geheuer ist. Nicht Rückwege, nicht Rückgriffe, gewiß nicht. Die verrückten Entwürfe auf den Weltausstellungen, die geträumten Zukunftsstädte, die nie gebaut werden, stehen dem Alten näher als die falschen Rückgriffe, als die bayerischen Trachtenhäuser mit den Hirschhorn-Hosenträger-Balkonen, als das verräterische, verlogene

Salon- und Komfort-Bayern, das es in tausend Variationen überall in der Welt gibt.

Gassen aus Wasser wie im verrückten Venedig. Der Stadtturm von Augsburg, dünn, höchst befremdlich, ein Petschaft. Besiegelung des Verrückten. Diese barocken Hausgärten, von hohen Ziegelmauern umgeben, die den Wind nicht hereinließen, so daß Sonnentröge entstanden, Kochtöpfe. So konnte man Exotisches ziehen, Bizarres, Niegesehenes, Fremdes; so konnte man das Absurde ins Haus lassen.

Immer den Wunsch, bis zu einem Äußersten zu gehen und noch etwas darüber. Immer die Ansicht, die Welle der Vernunft sich brechen zu lassen, die Rechnung nicht anzuerkennen, Hohn auf den Klugstolz der Rechner. Wir Kinder der Aufklärung sollten uns darüber aufklären, daß es ohne das Verstiegene, Verrückte nicht gehen kann. Schon indem man verstiegen sagt, lobt man. Im Platten gibts kein Versteigen. Sich versteigen kann bloß, wer aufsteigt. Aufstieg, da lobt man und rühmt man.

Rom, Prag und Dresden, Feste des Zwecklosen. Es ist auch nicht so, daß die Fürstenschlösser, die Fürstenträume so unnütz gewesen wären für Alle, obschon den Meisten verschlossen. Kein günstiger Augenblick, um diesen Gedanken zu äußern, mißverständlich, und dennoch; da alle Schlösser und Gärten der Welt zusammengenommen kaum so viel gekostet haben wie die Mond- und Stern-Reisen, die schon beim zweiten Mal langweilen, so muß erlaubt sein, zu fragen, ob die Schlösser und Gärten, einem Land aufgesetzt, nicht immer noch eher dem Land etwas abgaben, einem Land nicht mehr Kontrapunkt gaben als ihre Nachfolger, die Monstren unserer industriellen Verwaltungen, unserer Regierungen, Versicherungen und anderer Zentralen der allgemeinen Verteilung, diese Labyrinthe der allgemeinen Beglückung, in deren Innerem Minotauros, das Ungeheuer der Weltausrechnung, der totalen Vernunft hockt. Es müßte, wenn deren Rechnung aufginge, viel, viel Glück in der Welt sein. Wo ist es?

Die Städte, das sind wir. Seit tausend Jahren sind es die Städte, in denen wir uns ausgedrückt haben, und jetzt, jetzt auf einmal, geht es nicht mehr mit den Städten. Über die Welt hin ist man sich einig: es geht nicht mehr mit den Städten. Die Städte, in denen alles geboten wird, alles da ist, alles erreichbar, alles geliefert wird, bloß daß es unmöglich ist, sie zu lieben. Faszinierende Straforte. Auf einmal sagt Jeder, sie seien lebensfeindlich, mörderisch, häßlich, unwohnlich. Noch hält man sich an ein paar Reste.

Denn es scheint ein Gesetz zu sein, dessen Konturen sich in der Säure des Jahrhunderts erst allmählich auszeichnen. Das Banale, Allen Zugängliche, Öffentliche, das Ausgerechnete, Gesteuerte und Verteilte, das Hindernislose und All-Erlaubte erzeugt einen Selbsthaß, von dem man nichts wissen konnte. Es ist der Selbsthaß der Zukunft.

Himmlische Städte

Braucht man das nicht mehr? Ist das Bedürfnis erloschen? Ist es mit unseren zerstörten und schlecht wiederaufgebauten, zerfahrenen Städten untergegangen? Wird das nicht mehr verlangt: das Bild einer Stadt, die zu betreten einem Feiertag gleichkommt? die zwischen Himmel und Erde gebaut ist, in die man nur einmal im Leben kommt, nach der man sich immer sehnt, deren Straßen und Häuserwände man in schlaflosen Stunden durchwandert, die man genau kennt, die man lieben kann, die man ohne Besinnen nennen würde, wenn man gefragt würde, wo man zu sterben bereit ist? Eine goldene, himmlisch-irdische Stadt, die allen anderen Städten etwas von ihrem Glanz abgibt, so daß die Stadt, in welcher man wohnen muß, ihre Erträglichkeit hat?

Wenn so ein Hochbild von einer Stadt nun nicht mehr verlangt wird, so soll man wissen, daß etwas zu Ende ging, was zwei Jahrtausende und mehr für uns galt. Für uns, das heißt, solang aus solchen Städten gelebt wurde, und es waren: Jerusalem und Athen, Konstantinopolis, Rom.

Die Chinesen wissen, warum sie den Westen die Städte nennen. Sie sind weise. Ohne Stadt sind wir nicht mehr wir selber.

Bibliotheken

Durch die Jahrhunderte sind die Bibliotheken Vorratshäuser gewesen, unermeßliche Schober, aus denen man nehmen konnte, wann immer man wollte und brauchte. Aus ihnen können die Wiederaufstiege kommen, die großen Erinnerungsfeste des Geistes, ohne welche er blind und blöd wäre wie ein alter Hund. So haben die Casper Lohenstein, Quirinus Kuhlmann und Grimmelshausen ihre alten Throne wiederbestiegen, so die Vorshakespearer, so die Musik, die vor Johann Sebastian Bach war, Schein, Schütz, Praetorius, die alten Motetten. So geschieht die Wiederkehr eines Denkers, dessen Lehren schon zum Schulbuchwissen gehörten, also zum Falschwissen, und dessen Sätze auf einmal wieder das Erscheinungshafte gewinnen, welches das Geheimnis aller Liebesbegegnungen ist.

Hat nicht auch Chirico die längstvergessene, längst nicht mehr verstandene Weltdünne des Trecento wiederverstanden, die Eischalendünne der Dinge? Denn sie ist es, die aus den Bildern der frühen Maler hervorgeht. Die seegrünen Himmel, rosa Hauswände und gansgrauen Stadttürme lassen durchscheinen als stehe, irgendwo hinter ihnen verborgen, eine Kerze, als seien sie durchlässig wie der geölte Papiervorhang eines chinesischen Schattentheaters.

Diese Eischalendünne war eine Hoffnung, und die Hoffnung war: daß sie zerbrechen möge, die Schale. Der Tod als Hoffnung. Man muß das zu denken versuchen, das ist schwer, da wir nunmehr an einem ganz anderen Ende der Welt angelangt sind. Man muß es zu denken versuchen, daß einer Zeit, die gleichwohl der Welt abgewandt war, wie eben die Bilder bezeugen, daß einer Zeit dies unzweifelhaft zuverlässig verbürgt war: Der Tod eine Hoffnung.

Kaum daß man es wahrnahm, und am wenigsten nahmen es ihre Verwalter selbst wahr, hat sich mit den Bibliotheken eine Veränderung begeben. Aus den Gedächtnissen, als die sie von jeher aufgefaßt wurden, sind Schaltstellen für bloße Informationen geworden. Die neuesten Zeitschriftenhefte, die zu Hunderten ausliegen, stoßen die vorhergehenden Hefte in den Rang der Makulatur ab; das Gedruckte ist zum Momentanen geworden. Es ist bloß noch Altbrauch, daß man es überhaupt aufhebt. Was die Bibliotheken in ihre Magazine aufnehmen, gilt nicht mehr, soll gelöscht sein. Die Magazine sind jetzt die Schwämme für Schultafeln. Die Bibliotheken, aus Kammern der Erinnerung sind sie zu Motoren des Vergessens geworden. Und die alten Bibliotheken, die freilich noch da sind, sehr merkwürdig, haben ihr Selbstbewußtsein verloren.

Sogar das Vergessen ist zu etwas anderem geworden. Vergessen, das große Thema der Bibliotheken, Ihr Vergessen war immer ein Bergen, aus dem die berühmten Wiederaufstiege kamen. Jetzt ist es ein Löschen geworden. Die Magazine sind Schattenreiche. Einst war es, wie im Märchen, das Vergessene, in die Tiefe gesunken, dennoch vorhanden, wartete auf den Schatzgräber. Mit solchem Vergessen war es ein Leben auf Vorrat. Nun aber scheint die Seele in einen Zustand des Vorratlosen, des Momentanen, Erinnerungslosen zu kommen. Erinnerung? Innen? Innen ist eher verdächtig. Innen ist hinderlich, innen ist nichts mehr.

Väter und Söhne

ÜBERALL wo auf Antikem weitergelebt worden ist, in Rom, Regensburg, Trier, Verona, Nimes, Konstantinopel liegt der Asphalt hoch überm alten Niveau. Man kennt das; die Busse fahren, wo früher das obere Geschoß oder das Dach war, die Urkirchen sind in die Grube gefahren. Wo der Spaten der Ausgräber einschnitt, liegen die Schichten zu Tag, man kann die verflossene Zeit sehen, im Herbarium gepreßte zweitausend Jahre, das verstummte Gute und Böse.

Hier lernt man, was man überall anderswo auch lernen könnte und nicht lernt: daß Leben bedeutet, auf Schutt leben. Auf Vergessen und Täuschung. Auf einem doppelten Boden, einem Grund, der kein Grund ist. Zuschütten, die Leidenschaft derer, die weiterleben. Zuschütten, begraben. Nur immer zuschütten, mit Mienen der Trauer, es ist aber viel Erleichterung dabei. Zuschütten, abwenden.

Wer es ändern wollte, weiß nicht, daß Abwurf von Wissen, gelöschte Tafel, Unwissen, der Sinn einer jeden Geburt ist. Schon den Söhnen klar zu machen, was zu Zeiten der Väter geschah, will nicht gehen, denn die Söhne könnens nicht fassen. Sie interessiert nur, was die Väter falsch gemacht haben; es ist ein leichtes Spiel, das sie spielen. Denn wo sind die Väter, die es nicht falsch gemacht hätten, alles oder doch etwas? Daß sie das wissen, die Väter, macht ihnen den Arm lahm. Auf ihrem Irren gedeihen die Söhne, es ist ihre Acker-

III · Ein Teufelskreis

Die Neuzeit

Die Kunst, in der Neuzeit zu leben, ist noch nicht erfunden, noch nicht einmal vorbereitet, noch nicht einmal begriffen als Aufgabe. Zwar die Verhältnisse finden allgemein wenig Gefallen, das Mißvergnügen ist groß, das Glück der sicheren Einform erweist sich als schäbig und billig.

Banalität ist zur Großmacht und Weltmacht geworden. Sie erweist sich als das, was sie im Wortsinn bedeutet, wie es das Lexikon dartut; es ist erheiternd, den schlummernden Wortsinn zu wecken. Banal ist, was auf Alle verteilt ist. Banal ist das Allgemeine, sei es in Zwangswirtschaft, wie die Mühle, die dem Feudalherrn gehört und zu der Alle hinmüssen, sei es als allgemeiner Besitz, an dem Alle teilhaben, sei es als Volkseigenes, was auf dasselbe hinausläuft. Beides ist eben banal. Das Weltbanale, die große Sache der Neuzeit.

Und nun, empört übers Neuzeitbanale, zugleich in Begriffe fallend, die alt wurden, sinnen Unzufriedene darauf, die Verhältnisse durch Umsturz zu ändern. Aber ach, der Umsturz, der Umsturz der Weltausrechnung hat stattgefunden und findet weiterhin statt, so entfesselt, so reißend, daß er, wie die Schleuder-, Dreh-, Sturz- und Wirbelkabine, die meisten nicht stark genug findet. Und wie es im Gebirg ist, vermögen die meisten die Muckel, die naheliegen und groß scheinen, nicht von den Majestäten in Gletscherferne zu scheiden.

Die revolutionäre Gebärde ist altmodisch. Zwar noch immer kleidsam, ist sie zur schmucken Pose, zum antiquarischen Zierrat, zur Burschenromantik geworden. Einst Arbeitskleidung, ist sie zum Theaterkostüm abgesunken. Klassikervorstellung im Stadttheater. Verständlich, daß sie sich nicht trennen mögen davon, denn solang sie sich im Feuer, im Eifer, im zweifellosen Recht des Aufstands befinden, sind sie dem Weltbanalen entronnen, verweilen sie im Bewährten und Althergebrachten und ihr Leben hat Richtung. Das Glück, das versprochen war und das sich nicht einstellen wollte, wird eben nunmehr von neuem versprochen, wenn erst eine Einrichtung, deren Mängel kaum jemand bestreitet, durch eine andere Einrichtung ersetzt sei, deren Mangel sich noch unterm Wünscheschillern verhüllt. Indes bleibt unbedacht, wie es möglich sei, unterm Diktat der Weltausrechnung ein Leben zu leben, das den alten Namen verdient. Denn das neue, zugeteilte, genormte, glatte, einforme, also banale, will offenbar keinem gefallen.

Die Lage läßt sich nicht anders bedenken, als wenn man sich, fantastisch, bereits an die Zielmarken setzt, auf welche die Weltausrechnung ganz offenbar zurast. Mag die Neuzeit ihre Ziele erreichen oder nicht erreichen, durch ihr Anzielen ist sie allerwege bestimmt. Die Zielmarken also: Im voraus berechnete, nach eigenem Willen gelenkte, gesteuerte Zukunft, also Zukunft die keine mehr ist, eine sichere Zukunft. Das ist weiter (und es ist ja dasselbe): Begabung gesteuert, also nicht Gabe mehr, sondern Herstellung. Nicht Erbe mehr, aber Planung, denn Erbe denkt an die Herkunft, die

Väter, und eben das darf nicht sein; wie das Dunkel der Zukunft erhellt ist, soll auch das Dunkel der Herkunft vergessen, gelöscht und getilgt sein. Die gründliche Unsicherheit, nicht darüber verfügen zu können, wie die Kinder ausfallen, ist als die eigentliche Menschenunwürde erkannt. Als die Hauptschmach. Die Begabung der Ungeborenen demütig erwartet, erhofft und erfürchtet vom Schicksal? Da werden die Fesseln geflochten, da ist der Sitz aller Knechtschaft. Dumm geboren und dann auch noch schlechtere Rente? Träg geworden und deshalb auch noch Nachteil? Böse, als Mörder und Schinder geboren und dann auch noch mit Zuchthaus bestraft? Das soll Gerechtigkeit sein? Wer vergibt solche Gaben? Wer läßt sie zufallen? Wer verhängt dann Verhängnis? Wer darf Ergebung in zugefallene Begabung verlangen? Das eben ist Zufall, und Zufall, wie Schicksal und Zukunft, ist ein Schreckwort und Feindwort der Neuzeit.

Das Ziel ist: Die archaischen Reste von Schicksal allmählich abzubauen, die Sklaverei unterm Schicksal, diesem Tyrannen, diesem Blutrichter, gekündigt, gekündigt die Knechtschaft des Todes. Der Tod, in archaischer Vorzeit als Vollendung des Lebens berühmt, zu ungeheueren Ehren erhoben, dann entlarvt, dann seiner Ehren geplündert, dann als Panne verstanden und also, wie jede andere Panne behebbar. Denn so lang noch der Tod herrscht, so lang noch das Schicksal waltet, so lang noch Dummheit und Klugheit, Bosheit und Güte nach unerforschlichem Ratschluß verteilt wird, so lang kann Neuzeit nicht da sein. Schicksal und Tod, diese dunklen archaischen Mächte, von denen sich alle jene fluchwürdigen Seelenkräfte der Altzeit: Geduld und Demut, Gehorsam, Glaube und Hoffnung ernährten, endlich vom Thron gestoßen. Denn Gott kann nicht tot sein, so lange sie noch regieren, diese viel zu lange verehrten, vermeintlich höheren Mächte. Nicht genügt es, sie zu berauben und ihnen die Glorie zu stehlen; die Rache muß sie zerschmettern. Jeder Versuch, ihnen einen Rest ihres alten Ruhmes zu lassen, muß verboten, verfolgt werden. Soll Neuzeit aufgehen, muß erst dieser Gottesdienst leer sein.

Gottesdienst leer. Wer aber wird auf den leeren Gottesthron steigen? Denn leer, leer wird er keinesfalls bleiben. Fanden sich Welche zum Stürzen, so finden sich hundertmal Welche, die sich den leeren anmaßen. Also wer? Wer wird die Herrlichkeit, den Glanz und die Glorie, die Hoffnung, den Glauben, wer wird die Macht haben?

Der Mensch wird sein eigener Gott sein. Das wollte er, das war sein Traum ja. Das war die gesamte, ungeheuere Jahrhundertanstrengung. Das war, was er jetzt seine Wissenschaft nannte.

Freilich, die Frage aller Fragen wird sein: Wird es sich unter Menschenmacht besser leben als unter den dunklen Mächten Zukunft, Begabung, Tod, Schicksal und Zufall? Unter den Mächten, die allerdings, wer kann es leugnen, auf dem Elend der Welt aufgebaut waren? die auf dem Weltelend wie die Regenbogen auf dem Erdkreis aufruhten?

Aber die neue Macht, wo wird sie aufruhn? Werden Alle Götter sein können? Freilich, so ists versprochen. Aber: Göttermassen? Milliarden zu Göttern befördert? Dann wäre Macht zugleich Ohnmacht, und alle Jahrhundertanstrengung wäre umsonst und ganz vergeblich gewesen.

Menschenmacht wird ihre Macht aus Menschenmacht nehmen. Unter allen möglichen Arten von Macht ist die schlimmste, die sich ihre Macht von der Lebensmacht Anderer stiehlt. Macht aus der Unterdrückung von Anderen. Macht abgestohlen. Macht, die sich von der Lebensmacht mästet, die allem geborenen Leben einwohnt.

Freilich, Macht will ja auch ein Vers, ein Bild und ein Satz haben, was sollte er sonst haben wollen. Macht eines Bogenstrichs, eines Baums, eines Rufs, einer Rede, einer Verheißung. Macht als Entfaltung, Steigerung, Hochform, als Wuchs, Aufschwung, als Sein. Gottesmacht also. Göttlich die Macht, die so aus eigenem Sein strahlt.

Aber ist dies die Macht, nach der es die Leute verlangt? Eine sehr gute Meinung von den Menschen müßte man haben, wenn man dächte, ihr Gelüsten nach Macht richte sich nicht auf die Verminderung der Macht Anderer. Die banale, die allgemeine Art aller Macht ist, sich Macht aus der Lebensmacht Anderer zu nehmen: Unterdrückung, Beraubung, Schmälerung, Diebstahl.

Wie immer der neue Gott heißen wird, er wird sich sein Knechtvolk schaffen. Er wird es sich schaffen müssen; ohne Gottesknechte würde er ja kein Gott sein. Er wird, er muß sein anbetendes, unterdrücktes Knechtevolk haben, sonst würde seine Macht keine Macht sein.

Lob der Aufklärung

WAS ISTS mit der Klarheit, welche die Aufklärung brachte? Ist die Welt klarer geworden? Klar und hell die Gemüter? Klar allen Augen? Hochdruckwetter, wolkenlos, tiefblau? Die Seelenlage beständig? Zuversicht, Gleichmaß? Heitere Horizonte, Fernblicke? oder bloß Fernseher?

Hochgestimmt alle Herzen? Denn Hochstimmung war doch zu Anfang, Aufschwung war doch versprochen, da schon das »Auf« im Wort Aufklärung ein Weck- und ein Siegesruf war. Also, wie ist es nach zweihundert Jahren? Eine Zwischenbilanz muß erlaubt sein. Wie also? Wachsende Zuversicht, allgemeines Vertrauen? Kaum Einer niedergeschlagen beim Vorausblick auf Zukunft? Denn Sicherheit war doch versprochen, Glück in Aussicht gestellt, Heil vorbereitet. Kein dunkles Verhängnis mehr, wie früher. Aufgeklärt alles.

Wie also? Die Beschleuniger des wissenschaftlichen Fortschritts in keiner Weise geängstigt? Keinerlei nächtliche Zweifel? Und die Dichter, die Künstler, die berufenen Voraus-Spürer so fröhlich, so zuversichtlich wie niemals?

Das Leben beträchtlich verlängert, doppelt lang angestrickt, und das Altern, das schwerer ist als das Sterben, gelernt, zur Kunst, zur Meisterschaft ausgebildet? Oder gestümpertes Alter? stümperhafter als jemals?

In Jedermanns Händen klar erdachte, glanzvoll präzise, stählern kühle Maschinen, der Aufklärung wohlgeratene Kinder, Zauberschlüssel der Freiheit, Erlöser von Mühsal, und an den Schaltern und Tasten ein vollkommeneres, neues Geschlecht? Herrn der Weltherstellung? Ehedem fuhren die Herrschaften vierspännig und sechsspännig, jetzt Jedermann mit sechzig und achtzig; sind Alle herrenhaft, maßvoll? Großmütig, gelassen? Alle verachten Vulgäres, weil das Vulgäre ja bloß eine Folge von Unterdrückung war, die jetzt wegfiel? Jetzt, da Jedermann Herr ist, sind bloß noch Freie und Edle zu sehen, knapp und gezügelt, sich beherrschend, da sonst ja niemand beherrscht wird und da Selbstzucht adelig ist? Und die Kunst, sich vieles versagen zu können, was wäre sonst Adel, jetzt Allgemeingut?

Nichts zielt aufs Halbdunkle? Kaum jemand verführbar, dumpfsinnig, trüb? Die Triebe, ihrer Masken beraubt, erklärt also und somit geläutert, benannt, beim Namen gerufen und somit entmachtet? ihrer Macht, die sich aus Dunkel und Dämmer ernährte, heimgeleuchtet? das Licht der Wissenschaft könnten sie nicht ertragen? Also das Spiel der Geschlechter, viel zu lang ins muffige Kellergewölbe gesperrt, jetzt frei und zum Glücksquell geworden? zum Tahiti-Spiel, sorglos und heiter? nur Freude?

Und die ins All geschleuderten Sterne senden Unterweisung des Himmels, Zuflüsterung aus dem Weltraum? Doch nicht etwa Banales? Vielmehr Sternenweisheit, was sonst denn? Jetzt erst die große Weisheit an Stelle der überlebten Weisheit aus der Mönchszelle, aus winziger Denkstube? Aufklärung, Aufklärung, freilich, wer wollte nicht Klärung? Klarheit wollte man immer. Wenn man bloß wüßte, welcherlei Aufklärung es wäre.

Kann etwas anderes als Klarheit den Namen Wissenschaft zu Recht tragen? Hat also die moderne Wissenschaft, nachdem sie so viel Klarheit, wie sie meint, in die Welt brachte, sich jetzt wieder dem zugewandt, was des Wissens wert ist? Wie einst, als sie des Wissens für wert hielt, daß das Wasser zu preisen sei, weil es die tiefsten Stellen aufsuche, die Mulden, die Täler, die Höhlen, die Verborgenheiten, die Brunnen? Daß das Wasser das Weiseste sei, weil es die Gipfel fliehe? daß es weise sei, weil es die Unauffälligkeit suche?

Archaische Reste

Es gibt einige Feind-, Schreck- und Haßworte der Neuzeit, bei deren Nennung sie ihre Fassung verliert. Sie heißen: Zufall, Schicksal und Zukunft.

Zufall ist das Unvorhergesehene, das nicht zu berechnen ist; in der totalen Programmierung ist das Unberechenbare an die Stelle des absolut Bösen getreten. Zufall, der Erzfeind. Wir glauben auch gar nicht mehr an Zufall, denn was zufällt, fiele von oben wie Einfall. Aber von welchem Oben soll fallen? Das sind fromme Worte, Ergebungsworte, Empfangsworte, der Neuzeit unwürdig.

Schicksal: ein Wort aus dumpf ergebenen, demütig empfangenen Zeiten. Ein abergläubischer Überrest in den Köpfen, er muß ausgebrannt werden. Schicksal setzt einen übermächtigen Schicker voraus, Gott oder das Fatum. Die Macht dieses unerforschlichen Schikkers zu brechen, sie selbst auszuüben, das eben ist Neuzeit.

Zukunft, die Große Mutter von Schicksal und Zufall. Darf Zukunft zukommen wie der Wind zukommt auf den, der vor seine Tür in die Nacht tritt? Man sagt ja auch bloß noch gedankenlos Zukunft, meint jedoch Zugriff.

Zukunft, die ungewisse, schicksalsträchtige muß Zugriff werden, festgelegt, hergestellt, gesteuert nach dem Muster der Raumfahrt: jede Sekunde berechnet, was außer Rechnung ist, das ist Panne. Es gilt, sie von Andacht zu säubern. Zukunft, die erhofft, erfürchtet oder ersehnt wird, ist eine archaische Sache. Mögen Endzeithoffer und Messianisten sich neuzeitlich vorkommen, sie täuschen sich über sich selber, die Neuzeit wird sie kalt abschütteln. Neuzeit hält nichts von schwärmerischen Gefühlen. Das sind Glaubensreste; Hoffnung, untrennbar von Glauben, und Glauben, davon will Neuzeit nichts wissen. Alles soll wissenschaftlich herbeigeführt werden. Nichts mehr soll zukommen.

Zufall, Schicksal, Zukunft: solche Worte müssen geändert werden; sie sagen nicht mehr, was sie meinen. Wir gehen auf Lügen, unsere Schuhe, unsere Schritte sind Lügen, und der Weg eine einzige Lüge. Wir können uns selbst nicht mehr glauben.

Also hat es seine Richtigkeit, wenn man sie Alle aus der Sprache entfliehen sieht: Die Einen ins Sprachlose; die Anderen, nur um wegzukommen, ins Sinnlose. Die Meisten fliehen ins Dinglose. Solange Rede ist, hat sie sich auf die Dinge bezogen, auf die Freundschaft mit den Dingen, im Vertrauen auf das, was sie sagen. Noch nie, seitdem Sprache ist, hat sie so hochmütig die Dinge verachtet, ist weltlos geworden, leiblos. Also schemenhaft, schattenhaft. Hades.

Dädalische Irrnis

Mit der Weltarmut, mit dem Weltunrecht, dem Weltraum oder um alles mit einem Namen zu nennen: mit Weltplanung einigermaßen fertig zu werden, möchte man den wirkenden Kräften schon zutrauen. Sie werden dazu gezwungen werden, sie werden müssen. Weltplanung wird sich ertrotzen. Ohne Weltplan ist es doch niemals gegangen, aber an die Stelle des Weltplans trat Planung. Da ein Weltplan nicht mehr geglaubt wird, muß Weltplanung kommen. Der Weltplan, wie wir ihn in der Commedia divina dargestellt sehen, der im Ganzen offenbart, im Einzelnen aber voller Unerforschlichkeit war, ist keine Glaubensmacht mehr. An seine Stelle trat Forschung. Freilich, wer wollte bestreiten, daß die auf Forschung gegründete Welt nicht ihre selbe Unerforschlichkeit hat? Wo endet denn Forschung? im Überblickbaren? Durchschaubaren, Faßbaren? im erschlossenen, bebauten Gelände, in dem Jeder sich auskennt, daheim ist? Endet sie nicht in labyrinthischer, mächtiger, undurchdringlicher dädalischer Irrnis, da sich in jedem derzeitigen Ende immer nur ein paar Atemlose untereinander verständigen können, die zu den Verirrten, unweit von ihnen, bereits keine Verständigung mehr haben? O unerforschlicher Ratschluß, wie erforschlich warst du dagegen. Im Weltplan ruhten wir Alle. In der Weltplanung müssen wir wühlen und schuften und irren.

Weltplanung wird kommen. Was aber die Planung

deines und meines Lebens angeht, so siehts schlimm aus. Das Leben ist planlos geworden. In der Kunst zu leben ist zu keiner Zeit mehr gepfuscht und geklagt, aufgegeben, verzweifelt und bankrottiert worden. Nie wurde die Möglichkeit, ein Leben zu führen, stärker bezweifelt, auch ist nie mehr hingetäuscht worden. Planung schritt fort, aber in Lebensführung gab es Verluste, die uns tief unter den Wohlstand unserer Vorväter brachten. Wenn es das Merkmal und Brandmal des Verstoßenen und Entrechteten ist, daß er mit seinem Leben, mit sich und seinen Kindern nichts vorhat, Stupor, dumpfe Verzweiflung, Schnapsbude am Freitag Abend, Kauf einer quallosen Stunde mit dem Arbeitslohn einer Woche: so sind wir Proleten geworden. Kein Vermögen, keinerlei Planung, kein Vorrat. Dazu stimmt, daß Vulgarismus zum modischen Stil wird.

Planung ist Vorsehung

Gewiss wird Planung immer noch zunehmen, gewiß wird sie zunehmen müssen. Man hat die Apparaturen so mächtig gemacht, längst wurden sie mächtiger als ihre Erfinder, so wird man versuchen müssen, sie wieder ein wenig zu fesseln. Ein Zufall, der früher das Glück oder Unglück von Einzelheiten war, droht jetzt zur Katastrophe Aller zu werden. Der Zufall, das Schlimmste. Das Tremendum der Neuzeit, die Gorgo. Das einzige Stoßgebet, das dem Aufgeklärten noch einkommt: daß uns nichts zufalle.

Auch der Einfall ist eher verdächtig. Der Einfall, ein Unfall der Planung. Soll bloß nicht irgendwem irgendwas einfallen. Planer lieben das gar nicht. Das Mißtrauen, das Diktatoren und Planer, das die Verwaltungen gegen Initiativen, also gegen Eröffnungen, gegen Selbständigkeiten, also gegen Einfälle haben, ist schon begründet. Der Einfall, ein Unfall der Planung. Unfall, Zufall und Einfall: die drei Hochverdächtigen der Neuzeit.

Planung ist Vorsehung, sie geniert sich bloß, es zu sagen. Was der Planung dazugetan wird, wird der Vorsehung genommen: wer verläßt sich denn noch auf die? Soll man der Vorsehung überlassen, ob die Apparaturen funktionieren oder ob sie versagen? Der Zufall muß abgelöst werden. Die neue Vorsehung heißt Planung. Doch das Wort Planung beschwindelt, eine Schaupakkung. Planen soll neu sein? Hat man je etwas Gescheites planlos begonnen? Nicht daß geplant werden soll, ist das Neue; die Zukunft soll festgelegt werden. Gelenkte, beschlossene Zukunft, Vorherbestimmung, Gesetze. Eben Vorsehung.

Der Teufelskreis

Was weiss die Wissenschaft? Wüßte man hierauf eine Antwort. Es zeigt sich, daß das Ergebnis von Planung und Forschung eine neue Unerforschlichkeit ist. Was der Verstand der Verständigen aufgehäuft hat, ist dabei, ins Unverständliche zu fallen. Wissen ist unabsehbar geworden, aber was heißt denn dann Wissen? Wissen ist faßbar und wißbar, oder es ist nicht.

Niemand weiß mehr, was von wem erforscht wurde, das ist ein Rückfall in Nichtwissen. Wenn schon ein Forscher nicht mehr zu fassen vermag, was neben ihm vorgeht, ist das nicht ein Eingeständnis, daß allgemein Unfaßbarkeit herrscht? Das Unerforschliche hat eine neue Gestalt angenommen. Und nicht nur die Menge des Wissens ist unüberdenklich, auch die Gültigkeit, auch die Dauer, denn das Gewußte gilt nur bis morgen. Das alles aber wird überfragt von der Frage: wer plant, wer forscht, wer treibt voran und wer will? Das wissen nicht einmal die Forscher. Frag einen Forscher, die Dürftigkeit seiner Antwort wird an die eines Feldmarschalls grenzen, der Millionen Tode befiehlt und niemals über den Tod nachdachte. Er wird sagen, wie jener, daß alles eben im Gang sei, nicht aufzuhalten. Am Ende ist alles wie bei der Zerstörung von Dresden: nicht festzustellen, wer es gewollt hat.

Niemand faßt mehr das Ganze und niemand versteht mehr den Nachbarn, niemand weiß, wer dies alles vorantreibt und wohin es eigentlich will. Das ist das Undurchdringliche, an dem uns Franz Kafka zu leiden gelehrt hat, die unerforschliche Forschung. Wissen schlug um in Unwissen. Man wollte doch Wissenschaft, um sicherer zu werden, in der Welt sicherer, sicherer im Leben und Sterben. Nun sind alle einig: die Welt wurde fremd, unsicher. Eine ungeheuere Anstrengung, Sicherheit zu gewinnen, hat sich als Waffe erwiesen, die man dem Feind gab; Unsicherheit stieg wie die Sintflut.

Was wollte denn Wissenschaft, was kann denn Wissenschaft wollen? Gewißheit. Gewißheit wessen? Um Seelenheil muß es sich handeln, um was sonst. Nun aber ist alle Gewißheit dahin. Vor lauter Wissen, vor lauter Beständen, Verläufen, die man gewiß weiß, ist alles ins Ungewisse gefallen. Gewißheit schien immer vor der Türe zu stehen, im nächsten Erreichten der Forschung. Nun glaubt keiner mehr an die Türen.

Dann war dieser Weg eben falsch, dann führte er anderswohin, aber nicht in Gewißheit. Dann war der Name halt falsch, dann ist es nicht Wissenschaft, was man auf diese Weise betreibt, dann ist Wissenschaft auf andere Weise zu suchen.

Wissen ist schlechtes Gewissen

JEDER erzählt es. Irgend ein Gelehrter, Fachmann irgend eines kleinen Wissensgebietes, habe ihm neulich versichert, daß er, wolle er in seinem kleinen Fach mit der Weltkenntnis Schritt halten, achtundvierzig Stunden im Tag lesen müßte, nur lesen, ohne Nachbargebiete, die er doch auch kennen müßte, ohne Weitblicke, die seine Wissenschaft doch erst zur Wissenschaft machen, und selbstverständlich ohne daß er selbst schriebe. Man erzählt das, als ob es ein Scherz wäre, in der bekannten Art ohnmächtigen Galgenhumors, wie man sich Grotesken in Diktaturen erzählt, und dabei läßt mans bewenden. Was sonst auch? Welche Schlüsse sollte man ziehen? Nur ein Narr könnte glauben, es sei möglich, aus dieser rasenden Fahrt auszusteigen. Nur ein Narr übersehen, daß man in Diktatur lebt.

Aber doch, einen Schluß kann man ziehen. Es gibt kein Wissen mehr ohne schlechtes Gewissen. Das ist freilich neu, daß man Wissenschaft treibt, indem man Wissen verweigert. Wissenschaft nur um den Preis von weggelassenem Wissen. Wissenschaft nur noch möglich mit zugeschlossenen Augen.

Also Wissen ist schlechtes Gewissen. Das schlechte Gewissen ist wiedergekommen. Wissenschaft zog aus, um ein Ende mit diesen ewigen Schuldgefühlen zu machen. Sie wollte das Haupt der Menschheit aufrichten, das Dunkel erhellen, alles aufklären. Der große Krieg sollte es sein gegen das zweitausend Jahre alte schlechte Gewissen. Eine Endlösung.

Doch auf einmal ist wieder schlechtes Gewissen. Wiederkehr von einer ganz anderen Seite, aber so ist das ja immer, diesmal durch Wissenschaft selber. Wissenschaft ist sich selber zum schlechten Gewissen geworden. Es gibt Momente, wo sie das zugibt und ausspricht.

Sprache der Wissenschaft

Wie kommt die Verkündigung des neuen, mündigen, gottlosen, gottgleichen Menschen zu einer so lebensfeindlichen Sprache? Es ist eine Sprache wie altes Gestänge, kompliziert, mühsam. Sprache von Sprache entfremdet. Da hätte man denken müssen, diese Verkündigung werde heiter geschehen, klar, federnd. Zuversichtlich. Gespannt, knapp, freudig und einfach. Aller Ketten ledig, neugierig. Aufatmend.

Wenn Sprache das fantastische gläserne Haus ist, das Jeder sich neubaut oder doch umbaut, so ziehen diese Verkündiger vor, in keinem entworfenen Haus zu wohnen, vielmehr in einem alten Scheusal von Bauwerk, einer Fabrik des vorigen Jahrhunderts. Reden unaufhörlich von Zukunft, sind aber ans verfluchte Vergangene geschmiedet. Kellerreden aus Ruinen gesprochen, vom Staub der Verschüttung bedeckt. Wenn man es darauf anlegte, eine glücklose, weltlose, lieblose Sprache zu machen, sähe sie so aus. Eine Sprache aus Schrott und verrostet. Kann sein, Tantalos spricht so.

Ist das die Sprache des Menschen, den sie ankünden? Der von der Strafe der Arbeit befreit sei, sich niemals langweilend, vormittags fischend, nachmittags jagend, selten fernsehend? keinerlei Informationen aufsitzend, zögernd, welchen Lehren er traue? nicht mehr anfällig für Heilslehren, weil er es erlebt hat, wie sie enden in Blutbädern? der heiter ist, abgeworfen die Sorge, die durch die Jahrhunderte seine Fracht und sein Glück war? leichtfüßig, leichtsinnig? jeder Tag festlich? tahitiglücklich in der Freiheit seines Geschlechts? neue Quellen erschlossen? die Fähigkeit, glücklich zu sein, unerhört ausgebildet? Leidenschaft umgewandelt in Glückschaft?

Ein Mensch also, endlich. Und wird angemeldet in einer so grämlichen, labyrinthisch verzweifelten, staubigen, glücklosen, erbarmungswürdigen Sprache. Einer Lastträgersprache in Ketten. Diese Sprache ist durch den Entfärber gegangen, so wie Chitinhülsen abgestorbener Insekten, kompliziert, aber farblos. Augenlos, bilderlos, weltlos. Ohne den Sprachmut der Künstler, die wissen, daß Wort sich über den Abgrund des Unausgesprochenen hinbeugt, und anders sei Welt schwerlich bewohnbar zu machen als eben durch künftige Sprache.

Bewohnbar mit so einer Sprache? ist sie nicht glücklos? ohne Anmut? ohne alles, was sie verspricht?

Es ist eine Sprache, die darauf aus ist, sich schwierig zu machen, wie die Maschinen, die Paul Klee, Max Ernst, Wols gelegentlich malten, in Spott und Befremden: ein Aufwand, durch den nichts erreicht wird, was nicht einfacher auch erreicht werden könnte. Ein freudloser Aufwand aus Aufwand.

Mußten die alten Wissenschaften die Aufrüstung nachahmen? Warum kommen sie, die es nicht nötig hatten, auch sie, waffenstarrend, in einer hochgerüsteten Sprache, in Droh- und Schreckhaltung, barbarisch mit Orden behangen, exotisch bemalt, blechscheppernd, in Apparaturen verschanzt und verbunkert, kriegsstark, menschenfeindlich als kompliziertes Gestänge, daher, auf nichts mehr bedacht, als den Nächsten klein zu machen und dümmlich? Was veranlaßt sie, den dünnbeinigsten Gedanken in Weltraumanzüge zu stecken? Aber Aufrüstung muß das wohl. Aufrüstung lügt und tarnt immer.

Guter Stil hat etwas mit Nächstenliebe zu tun.

Wissenschaft will Weltveränderung

WISSENSCHAFT, was sich jetzt darunter versteht, zielt auf die Verfügung über die Zukunft, ihre Ausrechnung, ihre Steuerung. Verlängert man die Linien der Disziplinen, die jetzt die Führung haben, denn die alten Wissenschaften stehen ja nur noch im Anhang, so treffen sie sich in diesem Ziel. Eroberung der Zukunft. An die Stelle der Propheten trat der Forscher, an die des Weisen der Rechner, des Dichters der Programmierer. Ganze Berufe, ganze Tätigkeiten sind rückständig, gestrig. Man läßt sie, sie sind unschädlich.

Aber zählt nicht die Zeit, also auch die Zukunft, zu den Dingen dieser Welt. Was die Zeit sein mag, sie steht auf der Seite der Dinge, die insämtlich das Zeitliche sind. Was der Zeit geschieht, betrifft auch die Dinge, was den Dingen angetan wird, widerfährt auch der Zeit. So ist es ein Teil der brutalen Herrschaft über die Dinge, wenn über die Zukunft verfügt wird.

Der neue Herrenwahn: die Dinge für grenzenlos verfügbar zu halten, zu glauben, man könne sie unterdrücken, kolonisieren, ausbeuten, und es werde schon keine Rechnung ins Haus kommen. An Stelle der Sklaven von ehedem treten neue: die Dinge. Über sie macht man sich ebenso wenig Gedanken wie die Kapitäne vor zweihundert Jahren über die Millionen von Schwarzen, die sie aus Afrika übers Meer in die neue Welt schafften. Was gäbe man jetzt darum, wenn sie es nicht getan hätten.

Wissenschaft, ursprünglich darauf bedacht, die Dinge dieser Welt zu verehren, mit Andacht zu bedenken, liebend zu betrachten, bestehen zu lassen, mit ihnen in einem Vertrag zu leben, sie besser zu verstehen, ist jetzt darauf aus, sich ihrer zu bemächtigen, um sie zu verändern. Der Mensch wollte sie ursprünglich »interpretieren« – wie Karl Marx sagt – jetzt will er sie vor allem verändern. Doch setzt das »Verändern«, nach Martin Heidegger, ein anderes »Interpretieren« voraus, nämlich ihre Versetzung in den Sklavenstand, ihre totale Entrechtung, gnadenlose Ausbeutung.

Die Welt verändern? Auch den Veränderern wird sie verändert werden, über kurz schon, und so, daß sie ihre eigenen Veränderungen nicht wiedererkennen und sich an den Kopf greifen, beide Hände an des Kopfs beide Seiten: das war es nicht, was sie wollten. Das ganz gewiß nicht.

Wiederherstellung

RECHT ist Wiederherstellung. Gesundheit ist Wiederherstellung. Schuld ist vergebbar, also Schuldlosigkeit Wiederherstellung. Alles Zusammenleben ist auf die Annahme gegründet: es gibt Wiederherstellung.

Das sind Vereinbarungen, ohne die es nicht geht. Gesellschaft ist nur möglich, indem man sich darüber verständigt: Es gibt Wiederherstellung.

Der Tisch muß immer wieder gedeckt, die Wohnung immer wieder gesäubert, das Bett immer wieder gerichtet werden. Allerlei muß immer wieder gemacht werden wie es zuvor war. Frauen, die täglichen Wiederhersteller. Wiederherstellung: Als wäre nichts weiter gewesen, nichts verbraucht, nichts ruiniert, nichts vernutzt worden. Als ob keine Zeit vergangen wäre; ein paar Schritte zurück, Uhr wieder dorthin gedreht, wo sie gestern war.

Leben besteht, unter Anderem, zu einem beträchtlichen Teil, aus solchen Rückgriffen. Aus Wiederherstellung, Erhaltung des vorigen Zustands.

So kümmerlich es wäre, verliefe ein Leben bloß in unablässiger Wiederherstellung, schüfe nichts Neues, verharrte, eigensinnig, in bloßer Abwehr, so bedarf es doch, angesichts der Rufer nach Weltveränderung um jeden Preis, der Erinnerung, daß auch ihr Leben zum größten Teil aus Wiederherstellung, also Rückgriffen besteht.

Doch alles Wiederherstellbare: Gesundheit, Krankheit und Heilung, Schuld und Sühne, Krieg und Frieden, Ermüdung und Kräftigung, Hunger und Stärkung, Undank und Vergebung. Schlaf und Morgenfrische, alles das ist in der Zeit eingebunden. Zeit aber ist das Nichtwiederherstellbare. Was nicht wiederherstellbar ist, ist eben das Zeitliche, es ist, wo es kein Zurück gibt.

So sind alle Wiederherstellungen gegen die Zeit, lauter Versuche, das Zeitliche zu überspringen, zu überwinden, zu übertreffen, also Rückgriff, zur Lächerlichkeit verurteilt.

IV · Neue Sklaven

Wer ist das: Die Dinge?

Die Dinge, das sagt man so. Aber wer ist das, die Dinge? In den philosophischen Vorlesungen, wo sie ja vorkommen, sind sie vertreten durch einen Tisch oder die schwarze Wand-Tafel oder das Pult, und der Professor, der über die Dinge spricht, pflegt seine Hand auf diese Dinge zu legen und versucht verständlich zu machen, was mit ihnen sei. Aber gerade die schwarze Wandtafel und das Pult sollte er aus dem Spiel lassen, denn das sind trockene Gegenstände, Lehrmittel, Sachen. Die Erörterung ist dann gleich von Anfang an ins Lebensfremde geraten, und das heißt ins Dingfremde.

Wir selber bestehen ja aus Dingen: unsere Nieren und Herzen, die Regungen unserer Seelen, über die wir so wenig Herren sind; wir haben unser Herrentum überzogen, maßlos. Wir selber sind Ding unter Dingen, das Einzige, das wir voraushaben vor der Welt, vor den anderen Dingen, ist, daß wir die Wahl haben: sie zu achten oder sie zu verachten, sie für leblos oder für Freunde zu halten, sie dienen zu lassen, und indem wir ihnen dienen, sie für gleich zu achten. Lange, lange Zeit verstanden wir das so, daß wir um ihre Zuneigung warben. Wir brauchten sie, sie uns. Es war ein Vertrag, eine Waage. Sie gaben uns mehr als Zwecke. Das Holz wärmte uns, aber indem es verbrannte, gab es den Rauch ab von Holzfeuer, der uns an unsere Freundschaft erinnerte. Der Mond war uns Gedankenfreund; ungezählte Male wurde er angerufen, mit unzähligen

Namen benannt, ehrenvolle Geschenke. Er wußte das zu vergelten. Dann, unter Aufwänden, wie sie niemals aufgewandt worden waren, unter Kosten, wie sie kein Heerführer verschwendet hatte, unter Verbrauch von Lebenszeit, wie sie kaum je einer Sache gezahlt wurde, wurde der Freund von ehemals unterworfen, erobert. Zu welchen Gegengaben, zu welchen Freuden, zu welchen Bereicherungen, Erquickungen, zu wessen Nahrung der Seelen? Null, nichtig. Vielleicht daß man eines Tages eine Mondstation dort errichtet.

So machten wir den Unterschied zwischen uns und den anderen Dingen riesengroß. Wir erklärten uns zu Freien, zu Herren, zu Fürsten, zu Gewaltherren, über denen niemand mehr war. Wir wählten eine Tyrannei ohnegleichen. Bedenkenloses Herrentum über die unterworfenen Dinge. Wir waren ihnen nichts schuldig, so dachten wir. Wir forschten sie aus, um sie zu erniedrigen, und hißten noch die Fahne der Wissenschaft darüber, eine ruhmreiche, lobenswerte, menschliche Fahne. Das war sie auch, solang sie Wissenschaft war, so lang man das Wort hörte wie Bürgerschaft, Vaterschaft, Meisterschaft, Liebschaft. Was ist davon übrig geblieben? Ein Jagen nach Kenntnissen, die dazu dienen, die Dinge noch gefügiger, widerstandsloser, noch ohnmächtiger zu machen, ihnen Sklavendienst zu erpressen.

So haben wir in einem ungeheueren Feldzug über drei, vier Jahrhunderte hin die Dinge zerlegt und getötet, umgebracht, erwürgt und erpreßt, um unser Herrentum zu erweisen, und dachten noch, es sei eine gute, löbliche, ruhmreiche, früher hätte man gesagt, gottgefällige Sache. Aber das dachten und sagten ja die Kreuzritter und die Inquisitions-Herren, die Eroberer Amerikas, Mörder Montezumas, die Henker der Indianer und Missionare ebenso wie die Bringer des Sozial-Glücks. Sie alle sammelten sich unter dem Feldzeichen der Glücksbringer. Ein paar säkulare Lidschläge später, und niemand begreift mehr, wie das kam, wie das möglich war, was das sollte. So wird unbegreiflich sein, daß man eine Zeitlang, und wenn es auch drei, vier Jahrhunderte waren, im Ernst glauben konnte, man könne ohne Anhörung, ohne Befragung der niedergeworfenen Dinge in eiskalter Berechnung und Erpressung und Ausbeutung der Dinge leben und dennoch die Seele retten.

Europa, der Apfel, der von innen fault

Das kleine Europa wars, welches diese Tyrannei ausheckte und großmachte, und von Europa aus ging das Fieber über den ganzen Planeten hin, Land um Land, Erdteil um Erdteil übernahm dieses Arsenal, diese Aufrüstung; die Länder, die Erdteile hätten sich bei diesem Bekenntnis eigentlich einigen müssen; daß sie sich trotzdem wie in alten Zeiten zerstritten, war ein Atavismus, ein dunkler Zwang, so wie der Hund, längst ein Hausgenosse, immer noch die Losung verscharrt, damit der böse Feind, der schon Jahrhunderte lang nicht mehr da ist, die Spur nicht wittern soll.

Doch während Land um Land, Erdteil um Erdteil so den europäischen Weg geht, so den Hochmut Europas zum eigenen Übermut macht – nie waren Feudalherren, nie waren Tyrannen so brutal, so zynisch, so angefüllt mit Mißachtung –. Während also die Ausforschung und Erniedrigung der Dinge, ihre Auspeitschung, Ehrenkränkung, Folterung, Übervorteilung, Erpressung wie eine Feuersbrunst sich ausbreitete, wurde der Erdteil, von dem alles ausging, von innen her brandig, faulig, schwärte, trug ein Geschwür aus des Zweifels. War es möglich, so spürten Einige, dann Mehrere, darunter die Künstler, so im Machtrausch über die Dinge zu leben? ohne Schaden an seiner Seele zu nehmen? Ein Unglücklichsein, wie es niemals so breit die Gemüter ergriffen hatte, fraß sich durch. Alles war im Überfluß da, doch da waren unverkennbar die schlimmen Zeichen des Hungers. Verhungerte Seelen, Verschmachtende, Ausgehöhlte, Verzehrte: eine Kollwitz müßte das zeichnen, die gepeinigten Seelen, die unterernährten.

Wie konnte man vergessen, man wußte es doch durch die Jahrhunderte, wußte, daß etwas getan werden muß für die Dinge, daß man sie anreden muß, zureden muß man ihnen, sie ehren, sie lieben, was sonst denn war die Bemühung der Dichter, der Maler, der Zeichner und aller, die sich Mühe gaben mit ihnen, die ihre Liebeserklärungen in die Form der Mühe einkleideten, – doch was heißt Liebe?

Zur Liebe gehört es, daß sie sich immerzu, auch während des Liebens verändert. Ich meine jetzt nicht, daß sie springt, und nicht, daß sie in einem fort in Gefahr ist, abhanden zu kommen. Das erfuhr Jeder. Aber ich meine jetzt etwas anderes: daß Liebe, auch wenn sie nicht springt und nicht abhanden kommt, jeden Tag eine andere ist. Ihr kann man nur immer begegnen. Sie ist immer ankünftig, eintretend; oder sie ist nicht.

Fremde Welt, Fremde Dinge

Irgendwo muß ja der Grund zu suchen sein, weshalb sich die Dinge von uns abwandten. Die starken Veränderungen, Verformungen, gewaltsamen Umbildungen, die wir mit ihnen vornahmen und unaufhörlich vornehmen? Aber die Menschen waren immer gezwungen, die Dinge, die ihnen zuwuchsen, zu verändern, um mit ihnen zu leben. Immer mußten sie aus dem Wald leben, dessen Holz sie zu Kohle verwandeln mußten, in Meilern, oder das sie im Ofen verbrannten, um Wärme zu gewinnen, und Holz, das sie zu Dachstühlen verwandelten und Schränken und Tischen. Sie mußten auch töten und das Getötete zerlegen und kochen. Die Herren waren sie immer.

Aber Gewaltherren? brutale? Es handelt sich um die Überschreitung einer Grenze, um ein Verletzen des Maßes; eben das ist es, was das Verstehen des Vorgangs so schwer macht. Er hängt mit dem rapiden Verbrauch zusammen, dem Bruder der Herstellung. Langzeitliche Überlieferung von Einrichtungen und Sitten, das hat aufgehört. Die Gesellschaft besteht aus Neureichen, Emporkömmlingen, Mode-Figuren. Damit ist es gekoppelt, daß alle fünf Jahre, jedes Jahrzehnt eine andere Massen-Überzeugung die Köpfe besetzt, das war früher niemals. Es fällt leichter, das Steuer herumzuwerfen und den entgegengesetzten Kurs zu nehmen, als eine leichte Korrektur anzubringen. Es fällt dieser Zeit auch leichter, einem Übelstand, und Übelstand ist immer, so abzuhelfen, daß man ins entgegengesetzte Übel verfällt. Die Korrektur um ein paar Grade, das ist nicht die Kunst dieser Zeit.

So meine ich, es sei nicht die Verwandlung der Dinge, nicht der Umstand, daß sie in Dienst gestellt wurden, das war von jeher und immer, sondern daß sie brutal unterdrückt wurden. Daß man auf einmal der Überzeugung war, man dürfe mit ihnen alles machen, sie verachten, sie spalten, in unbegrenzter Willkür mit ihnen verfahren, keinerlei Rücksicht nehmen, sie nicht fragen, nicht anhören, sie verurteilen, ihnen jeden Prozeß machen.

Dies der Grund, warum die Dinge sich abgewandt haben, dich nicht mehr anblicken. Oder meinst du, sie seien erblindet?

Fremd, fremd, das ist doch der Ruf, der seit hundert Jahren erschallt. Insbesondere die Künstler sagen in einem fort: fremde Welt, fremde Dinge. Auf so vielerlei Weise sagen sie es, daß wir es schon gewohnt sind zu hören. Sagt Einer, die Dinge seien ihm vertraut, so wäre es eine Lüge.

Erschließung

Ein volles Jahr war ich auf Kreta und eigentlich immer unterwegs, und dennoch meine ich, daß ich die Insel nicht kenne. Sie ist viel größer als man gedacht hat, und sie ist hochgebirgig und mühsam. Die zweieinhalb tausend Meter, welche die Schneegebirge erreichen, muß man von Null, von der Meereshöhe an ersteigen; nicht, wie bei uns in den Alpen, von sieben oder achthundert Metern aus oder von noch höher. Auch die Städte der Insel, Iraklion, Chanis, liegen auf Meereshöhe.

Man kann die Weißen Berge auf Kreta mit den bayerischen Alpen vergleichen, was die Kalk-Schroffen und die Höhlen anlangt; sie sind eine Art Wirbelsäule quer durch den Westen der Insel. Der Gebirgs-Zug ist ungefähr so lang wie die Strecke von Salzburg bis Lindau. Aber hier zeigt sich der Unterschied: auf dem gesamten Gebirg gibt es bloß zwei Quellen und beide sind nur so stark wie ein Bleistift. Da sieht man schon, daß sie sich zu verteidigen wissen und daß es mit ihnen kein Spaß ist.

Aber so wie ich damals auf Kreta unterwegs war, das ist jetzt, nach so wenig Jahren, anders geworden. Es kommt mir vor, als sei ich ein Reisender vor hundert Jahren gewesen. Was man früher unter Mühen und Gefahren erreichte, kann jetzt jedermann ohne weiteres, in zwei, drei Wochen abmachen, ohne Kosten, denn Geld, das sind keine Kosten. Was schwer durchdringlich, verwachsen war, ist jetzt durch die Geläufigkeiten des Fremdenverkehrs leicht erreichbar geworden.

Über solche Veränderungen könnte man sich freuen. Erschließen, das ist das Wort, das man dafür verwendet. Man bucht es auf der Haben-Seite, wenn so eine Erschließung gelang, als Fortschritt. Freilich, fortschreiten sollten wir immer und Alle; nur nicht in die falsche Richtung: das wäre auch möglich. Man sollte ja wissen, daß alles Geschehen, daß Geschichte sich in Zügen und Gegen-Zügen vollzieht, im Zickzack; Jeder sagt es, Jeder weiß das, und es ist auch so. Selten aber zieht man den Schluß daraus, daß Der, der voll Eifer, besessen, auf vermeintlich Künftiges drängt, in eine Richtung prescht, die von der Geschichte schon abgetan ist, gestrig, verlassen. Sodaß, unter lauten Rufen des Fortschritts, eine Sache, ein Prinzip verfolgt wird, dem Zukunft schon nicht mehr gehört.

So muß man gelten lassen: eine Erschließung wie die der Insel rechnet eher zu den Verlusten. Es ist, wie wenn ein Reichtum vermünzt wird; jetzt haben Alle ein bißchen. Zuvor blieb er unangetastet, und um des Schatzes teilhaft zu werden, bedurfte es des Alleingangs. Die Kraft zum Abenteuer zu haben, das ist es. Der bequeme Zugang, das Öffentliche, das Allgemeine, es mag seine Vorteile haben, sein Wünschenswertes und Gutes, sein Soziales, dennoch, es sollte nicht vertuscht werden: das Abenteuer ist selten, schwierig und kaum findbar geworden. Wer es finden will, muß es, wie es von jeher war, auf eigenem Weg suchen, darf sich auf Niemanden verlassen, muß abseits gehen, muß weg von der Öffentlichkeit, vom Allgemeinen, von dem, was im Schwang ist. Dort ist das Abenteuer gestorben.

Herstellung

Platon sagt, nur der Hersteller wisse, was ein Ding sei, Homerus, der den Schild des Achilleus besinge, wisse gar nichts. Den Handwerker müsse man fragen, er stecke darinnen im Ding, er sei kundig, kenne sich aus, wisse.

Freilich, zu Zeiten des blühenden Handwerks und Kunstwerks, wie damals und Jahrhunderte zuvor und danach, stimmt die Aussage. Aber stimmt sie heute noch? In unserem Jahrhundert der abhanden kommenden Dinge, der Massengüterproduktion? Ist es noch wirklich der Hersteller, der allein weiß, was das Ding sei? Der drinnen stecke? Der den Bezug knüpfe zwischen dem Ding und dem, der es braucht, liebt oder haßt, mit ihm leben muß?

Wenn Platon recht hätte, woher dann die Fremde zwischen den Herstellern, ihren Produkten und uns, den Ge- und Verbrauchern? Gemeint ist die Herstellung in Massen, in Serie, vermittels Fließbändern, die industrielle Herstellung, die das Band zwischen Macher und Ding zerreißen ließ. Industrie, eine der auffälligen Wortlügen, mit denen wir uns die Klarsicht verbauen, da Industrie der Fleiß heißt und mit Gewerbefleiß ausgedrückt wäre. Daß das nicht stimmt, und es gerade nicht der handwerkliche Fleiß ist, der das Massenfabrikat mit dem Fabrikarbeiter verbindet, weiß jeder. Freilich, die Einsicht, daß Herstellung in diesem ungeheuerlichen Ausmaß es sei, die uns die Vertrautheit mit den Dingen gekostet hat, bedeutet auch, zu erkennen, daß ein Rückweg versperrt ist. Denn zu meinen, man müsse nur die Wirtschafts- und Gesellschaftsform wechseln und alles sei wiederhergestellt wie in alter Zeit, das ist eine Träumerei ohnegleichen. Der Rückzug der Dinge, ihr Verstummen, ihre Verweigerung, ihre Erstarrung: das ist der Preis unserer Herstellung.

Jedermanns Venus

Ein Serienmädchen, vom Laufband gesprungen, fabrikneu, multipel, perfekt, fünf Meter hoch und plakatig, wie man es bisher über Kino-Eingängen und an Kaufhaus-Fassaden zum Ausverkauf hatte –: auf einmal sprang das muntere Ding ins Museum.

Das Mädchen hat, seiner Fünfmeterhöhe entsprechend, erstaunliche Brustknospen, so rosa, so verführerisch wie sie dann nie sind. Dann ist da noch eine brennende Zigarette, hellblauer Rauchschwaden, gespritzte und ausgesägte Kulisse, und eine meterhohe Orange, mehr hergestellt als gewachsen, dosenfrisch und perfekt, eine Aufforderung zum Verbrauch, wie das Mädchen. Denn auch das Mädchen verführt nicht zur Liebe, woher denn, vielmehr zu etwas viel Wichtigerem, zum Verbrauch nämlich.

Verbrauch, das Diktat der Herstellung. In der hergestellten Welt ist Verbrauch Zwang und Lust. Ohne Wegwurf keine Herstellung. So schön war die Träumerei ökonomischer Spätromantiker aus dem vorigen Jahrhundert, daß Herstellung sein könne bei kleingehaltenem Verbrauch. Weltherstellung, und dann ein Verbrauch, der so sparsam, so brav und bedächtig sein werde wie bei den Altvätern. So daß ein Leben geführt werden könne wie sie es hinmalten: kurze Leinenhose, Sandalen, Naturfreunde, Hütte im Elbsandsteingebirg, Freizeit, unendlich viel Freizeit für Alle. Genügsamkeit, wenig Bedürfnisse, keine Begehrlichkeiten wie früher. Alle durch die kynische Philosophenschule gegangen, hart, bedürfnislos, frei. In Serie hergestellt: Diogenes in der Tonne, Kleinmeier im Eigenheim. Und Alle neidlos zufrieden.

Wie schwer es ist, den Rang von Gedanken zu sehen. Gedanken können die Meisten schon denken, aber den Rang nicht. Da wird der königliche Gedanke nicht unterschieden vom Läufer und Bauern, der ferne Viertausender nicht vom vordergründigen Hausberg. Eine Wahrheit, die für ein Leben ausreichen könnte, wird zusammengetan mit Richtigkeiten, die hundertfach vorkommen.

Die Welt herstellen. Man will das und tut das. Aber war man stark genug, es zu denken? Weltausrechnung, gut, längst im Gang, nicht aufzuhalten, auch ihre Beschleunigung nicht; zu einem Zurück aufzurufen, wäre sinnlos, würde die Verwirrung verschlimmern. Aber aus Weltherstellung muß Weltverbrauch folgen. Der Gedanke, wenn er überhaupt gedacht wurde, wurde zu leichthin gedacht, halt bloß so zur Kenntnis genommen. Wo er doch hätte treffen müssen wie ein niederfallender Felsblock. Und er fiel auch und traf auch, bloß sie nicht, die es eigentlich anging; er traf Maler und Dichter. Die verstörte der Weltverbrauch schon seit langem. Verbrauchte Welt war, was sie sahen; vernutzte, abgetane, schrottreife Welt, die wiederherzustellen nicht lohnte. Das sahen sie kommen: Weltvergang, Weltmüll, Weltasche. Sie entsetzten sich: Weltherstellung, aber der Preis wird eine vernutzte, verbrauchte, freudlose, gammelnde Welt sein.

Daß die Künstler das voraussahen, konnte freilich

nichts abwenden. Weltverbrauch arbeitet stärker als ihre schweigsamen, geduldigen Werke. Dazu kommt, Weltverbrauch hat sich die Mühe gemacht, eine besondere Art der Vernutzung, eigens für sie zu erfinden, einen besonderen Abraum. Nämlich, ihre Werke werden sehr öffentlich zur Kenntnis genommen, viel beredet, so lange, bis mans nicht mehr hören und sehen kann. Van Gogh über Mädchenbetten, Paul Klee auf Postkarten. So werden sie in der Kartei des von Allen Gewußten begraben. Computer-Schutt, Abraum. In den Seminaren, Mühlwerken des Weltverbrauchs, werden sie auf papierene Katafalke gehoben, unter Papiergeraschel in papierene Sterbekleider getan, in Papiergräber eingegraben. Weltverbrauch, Abraum. Seine verläßliche Hilfe: die Mode. Früher war Mode auf eine vergnügliche Oberfläche bezogen, scherzhaftes Wellengekräusel, Lokalwind des Zeitgeists. Busenausschnitte, Rocklänge, Frisuren. Jetzt geht es ernster zu: Lieblingsdichter, solang die Saison geht, dann weg zu Ausverkaufspreisen. Kunstmoden. Modische Heilslehren. Man sagt, daß diese Zeit eine schnell-lebige Zeit sei. Aber was heißt schneller leben? Schneller verbrauchen meint man. Wenn man Leben mit Verbrauchen gleichsetzt, dann stimmts schon. Ist das nicht doch zu dürftig?

Auch Ideen verbrauchen sich jetzt rapid

Es muss auffallen, daß sich auch Glaubens-Sätze in unseren Tagen schneller verbrauchen als jemals. Also nicht bloß die Waren. Auch die Gedanken, auch was man den Geist nennt. Auch die Wahrheiten, wenn man sie dann noch so nennen kann. Glaube, der sich irdischen Heils-Zusagen zugewandt hat, scheint nicht sehr haltbar zu sein. Er verdirbt wie Fisch in der Sonne, stinkt schnell. Alle zehn Jahre gelten neue Parolen; jedes Jahrfünft schreibt ein anderes Rezept aus, worauf man das Glück für Alle, also die irdische Seligkeit bestellen kann.

Als Glaube noch im Himmlischen verpflanzt war, hatte er mit Verbrauch, Verschleiß und Vernutzung ganz gewiß nichts zu tun. Vielmehr, durch Übung wuchs er. Verschleiß von Geist, das kam erst, seitdem der Zwie-Tyrann Verbrauch und Herstellung, Herstellung und rapider Verbrauch sich zum Welt-Fürsten aufschwang; doch seine Herrschaft über Geist und Gedanken ist noch nicht allgemein bekannt. Er wird schwer erkannt, weil zum Erkennen von Starkem Stärke erforderlich ist; Käsekopf und Quasselmann können einen starken Gedanken nicht fassen. Wie schon das alte chinesische Spruch-Wort sagt: Mehr als ein Napf fassen kann, faßt er auch im Meer nicht.

Also auch Gedanken unterliegen dem neuen Weltgesetz, welches Herstellung und Verbrauch heißt. Hergestellte Gedanken, das sind ungelebte, unerfahrene, serienweise produzierte, die Quantität spielt dabei eine hervorragende Rolle. Für den chromglitzernd neuen Gedanken hat man auch noch den Namen Einfall oder Eingebung. Aber das sind Worte, die aus einem anderen Wetter herkommen, aus unserer verratenen Vorzeit: Wort-Leichen. Eingebung setzt einen Geber voraus, aber wer darf sagen, daß er noch an ihn glaube? Einfall meint eine Wahrheit, die von oben her einfällt, ohne Verdienst, ohne Zutun, geschenkweise. Aber wer denkt noch so? wer kann glauben, was er so hinsagt? Das sind Leerformeln, die wir fortschleppen, weil wir die Kraft nicht mehr haben, Worte, die unserer Lage entsprechen, zu prägen. So füllen wir unseren Mund mit Wort-Lügen.

Kann das gut gehen? Der Zwie-Tyrann Verbrauch und Herstellung, Herstellung und rapider Verbrauch greift wie eine Pest auf uns selbst über, schwärzt nicht unsere Leiber, aber die Seelen. Die Veränderungen, die sich mit uns Herstellern und rapiden Verbrauchern vollziehen, lassen sich noch gar nicht abschätzen. Unsere Nachkommen werden uns deshalb genau so verhöhnen und für dumm schelten, wie wir unsere Väter.

Wer hätte auch für möglich gehalten, daß wir Hersteller selbst hergestellt würden? Da wir es doch waren, welche die Herstellung erfanden und großmachten? Wie konnte es kommen, daß sie alsdann größer wurde als wir? unser homunculus, den wir machten, und der wie schon Paracelsus sah, größer werden würde als wir, ein großmächtiger Riese? Wer konnte voraussehen, daß Herstellung und Verbrauch uns umbringen würden, daß wir selbst Ware würden durch sie? Fabrikat,

Serie? daß Gedanken, die früher ein Jahrhundert hielten oder ein halbes Jahrtausend, jetzt bloß noch ein Jahrfünft halten, dann Hohn und Müll-Kippe? und wer sie noch länger trägt, macht sich lächerlich wie Einer, der an der Mode seiner Jugend festhält.

Das Quantum, der Abgott der Neuzeit

Ich rede nicht von den Urlaub-Hotels an den Stränden und von den Bungalows, von denen man seltsamer Weise annimmt, daß sie den Behausungen der Bengalen im armen Bangladesch ähneln. Also, nicht von den Ferien-Kolonien rede ich, dieser neuen kolonialen Spielart an Stelle der früheren überseeischen Landnahmen. Das sind Leute, die unter sich bleiben, von der Insel nur zur Kenntnis nehmen, was sie in zwei Auto-Stunden erreichen, also das, was ihnen auch das Fernsehen ins Haus bringt: ein Schattenbild, hergestellt und geschönt, ohne Kosten. Diese Kolonisten haben auch gar nicht die Absicht, aus ihrer Gewohnheit zu treten; sie bringen ihre Lebensart, ihre Wünsche, ihre Freuden mit sich, kommen gar nicht auf den Gedanken, mit den Härten des Landes zu leben und nicht mit den Menschen, deren Sprache sie nicht sprechen. Von Hochmut so innig durchdrungen, daß sie sich ihres Hochmuts nicht mehr bewußt sind, müssen sie die Bewohner für bedauernswert Zurückgebliebene halten, die sich auf den Weg machen sollten, den sie selbst gingen, den Heilsweg der Herstellung. Als ob sie selbst glücklich wären damit.

Mehr Aufschluß wird eine andere Spielart von Reisenden bringen. Das sind die, die es gründlicher machen, ein Programm haben, ein enormes, sich eine Menge vornehmen. Sie lassen sich von Kundigen führen, denn zubereitet wollen sies haben, tischfertig. Es ist eine erstaunliche Menge, die sie sich für drei Wochen aufladen: man kommt der Sache wohl näher, wenn man annimmt: Menge ist es vor allem, was sie sich vornehmen, worauf es ihnen ankommt. Das Quantum, der Abgott der Neuzeit. Was sie in zwei, drei Wochen zu sich nehmen, das hat früher ein ganzes Leben gefordert und was Jahrhunderte zu Stand gebracht haben, das möchten sie in Stunden aufsammeln. Einen Urlaub haben sie angesetzt, um das alles zur Kenntnis zu nehmen. Sie sind beherrscht von der Vorstellung, daß es darauf ankomme, recht viel zu speichern, zur Verfügung zu halten. Aber wozu? Jetzt ist es das Quantum, das erstrebt wird. Lexikon-Wissen, Allerlei-Wissen, Alles-Wissen, das dem Nichts-Wissen gleichkommt. Welt, eingekauft wie Fertig-Ware, zu schnellem Verbrauch. Welt ohne Abenteuer, Husch-Welt, Welt-Husch: Flüchtige Berührungen, vorgefertigte Eindrücke, Wegwerf-Erlebnisse, Einweg-Liebe. Eindrücke, Kenntnisnahmen, Passionen, als seien Dinge schnelle Mädchen, nichts weiter.

Das Erstarren der Dinge

Der Wald, welcher Aufblick. Welche Andacht, ließe sich sagen, wenn man die Tollkühnheit hätte, den Spott und das Gelächter von denen auf sich zu ziehen, die sich fortschrittlich nennen, die auf Plünderung aus sind. Sähe man nur, daß sie glücklich wären damit.

Wieviel ist beigetragen worden von den Dichtern und Malern, Altdorfer, Cranach, die sich mühten, ihre Faserwurzeln einzuzwängen in den Bröckel-Felsen, den man die Welt nennt; denn felsig war sie wohl immer, trocken, spröde, abweisend. Jetzt könnten sie nichts mehr tun für ihn, selbst wenn sie wollten.

Denn auf einmal griff die Meinung um sich, die Andacht sei übertrieben gewesen. War man nicht so weit gegangen, sogar in jedem Baum eine kleine Gottheit, eine Dryade zu sehen und zu glauben, in jeder Quelle wohne eine göttliche Nymphe? Das freilich war schon lange vorbei und die Götter waren bloß noch Redensarten geworden. Aber ob man kleine und größere Götter in ihnen sah oder Schöpfungen eines Gottes, das macht so viel nicht aus. Das überschritt das Maß und die Linie nicht, die nun überschritten wurde in der Überzeugung, die Dinge seien irgend welcher Rücksichtnahme nicht würdig; sie verdienten Mißachtung, Unterwerfung, Ausforschung, Ausplünderung und Erniedrigung, um den Menschen, dem göttergleichen, Frondienste zu leisten. Man erpreßte sie, spaltete sie, drang in sie ein, um hinter ihr Geheimnis zu kommen.

Man war darüber hinausgelangt, in einem Vertrag mit ihnen zu leben, der gleich zu gleich setzte. Schluß mit den Mitgefühlen, mit der Andacht zu den Dingen, mit den falschen Rücksichten. Man wollte von ihnen keine Geschenke mehr, man forderte Unterwerfung, Auslieferung, Tribute. Man wollte sie nicht nutzen, so wie sie ihrerseits Nutzen hatten von dem Menschen, der auch nur einer von ihnen war; man forderte sie ganz, ihre Seele, ihre Existenz und sah neue Sklaven in ihnen. Die brutale Verachtung, die man den Dingen entgegenbrachte, war allgemeiner und schlimmer als jemals feudaler Hochmut gewesen war, eine Tyrannis ohnegleichen.

Da verkrampften, verschlossen sich die Dinge, preßten die Lippen zusammen, ohnmächtig, verbissen. Einst hatten sie Abenteuer gespendet und Trost und herzliche Lebensfreude mit Flüsterstimmen und Farben, damit war es natürlich vorbei. Sie erstarrten, was sollten sie sonst tun.

Das Schiff in der Küche

Im Spielzeug-Museum in Basel kann man eine Erfahrung machen. Kinder, für die dieses Museum gedacht ist, betrachten die alten Häuser, Puppenhäuser und Wohnstuben mit Entzücken, aber da sind viele Dinge, die sie nicht mehr kennen, die man erklären muß und auf einmal kommt man sich uralt vor, als stehe man mit einem Fuß in der Urzeit. Was ist das Schiff in der Küche? Man muß es erklären. Es war eine Kupferwanne, in die Herdplatte eingelassen, bündig, und so, daß sie am Ende des Herds gegen den Kamin zu lag, und es diente zum Bereiten von Warmwasser, denn die Herdflamme leckte auf ihrem Weg zum Kamin am Schiff, an der Wanne. Doch das Schiff, wie auch der Herd mit Herdringen, wie auch der Kohlenkasten, der neben dem Herd stand, ist zum Fremdstück geworden, in wenigen Jahrzehnten, obwohl sie doch Jahrhunderte gedient hatten. Wie auch die Waschküche mit Zubern und Wannen, Waschkessel, und Waschbrett, der Kachel-Ofen und vieles andere.

Nun gibt es Manche, die das Unheil spüren, das sich zusammenzieht und wenden den Blick nach rückwärts, wo, was die Nähe zu den Dingen anlangt, manches besser war. Diese Leute schwärmen vom Schiff in der Küche, von Öl-Lampen und Kamin-Feuern, die sie sich neben der Thermostaten-Heizung einrichten, um Gestern zu spielen. Sie würden am liebsten das Wasser vom Brunnen holen und lieben es in Holz zu wohnen, mit Holzdecken, Holzwänden, Holzböden. Das sind Narrheiten. Sie erinnern an jene Leute, die an einer bestimmten Straßenkreuzung die Begegnung mit dem Schönen hatten, den großen Augenblick, nach welchem Jeder sich sehnt, und die sich nun immer wieder unter derselben Bogenlampe, auf demselben Pflasterstück aufstellen und meinen, sie könnten erzwingen, daß der große Augenblick wiederkehre. Doch der kommt gerade dort schwerlich wieder; der kommt, wenn er kommt, wo man ihn nicht erwartet. So meinen auch jene Rückwärtsgeher, sie könnten dadurch, daß sie das Liebes-Verhältnis zu den Dingen nachahmen, das Verlorene wiedergewinnen. Aber sie bekennen so nur, daß sie nicht wissen, was Liebe ist, daß sie in der Liebe stümpern. Das hat es immer gegeben: Nachlieber, Anempfinder, Einfühler, die die verblühte Liebe eines Liebenden nachlieben. Aber so läßt sich gar nichts erzwingen, so nichts wiedergutmachen.

V · Totenäcker

Totenäcker

Delos, wie bekannt, ist eines der größten Ausgrabungsfelder, einer der großen archäologischen Glücksfälle. Der Geist, in dem die Archäologie seit Winckelmann arbeitet, ist enthusiastisch; so kommt es, daß die Insel meistens im Enthusiasmus besucht wird. Das ist merkwürdig. Denn die Empfindung, die beim Verweilen auf solchen Ruinenfeldern die natürliche wäre, ist offenbar eine andere: Trauer, Entsetzen und Schrekken. Mir schien diese Ausgrabung eine einzige Brandwunde. Ließ sich verkennen, daß den Ausgräbern unter den Händen, ohne Absicht, eine felderweite Plastik gelang? eine Landkunst des Todes, ein Relief des Entzugs, ein Epitaph des Dahingangs? Daß man so mit Fleiß und mit Leidenschaft, im Verein der Nationen, Ruinenfelder herstellte: wie merkwürdig. Daß Archäologie solche Kunstwerke schuf, ohne sie im geringsten zu wollen, ist eine noch größere Leistung als die, auf die sie so stolz ist. Denn die Ähnlichkeit archäologischer Flächen mit den Gebilden von Tinguely, Tapies, Wols und den Anderen, die in Schutt und Vergang und im Ruinösen arbeiten: ist sie zu verkennen? Giacomettis Figuren, dünnfädig, durstig, wie Spinnen den Fuß mehrere Male aufsetzend, bevor sie es wagen: sind sie es nicht, die dort umgehn?

Dieses Jahrhundert, satt vom Lärm seiner Siege, diese Neuzeit, Ketten zerbrechend, wie sie sich ausdrückt, den Tod zurückdrängend, davon schwärmend, daß sie ihn bald abschaffen werde, sie habe ihm schon gekündigt, – diese Neuzeit, wie merkwürdig, hat solche Totenäcker, solche Skulpturen des Hinfalls, solche Verwesungsphantasien geschaffen. Sie tat es und tut es in diesen Ruinenfeldern, sie tut es auf ihren Straßen mit den Warnschildern, diesen gesträubten Haaren der Landschaft, die vom sofort bevorstehenden Tod sprechen. Noch keine Zeit hat sich mit so vielen Wegweisern zum Tode versehen. Tausendfaches Momento mori. Zehntausend Sanduhren.

Das freilich war nicht beabsichtigt. Das war neu, daß unter den Siegesfanfaren der Technik, bei erstarrtem Aufklärungslächeln, unter dem Jauchzen des wissenschaftlichen Erfolges der alte Cantus firmus vom Tode neu aufklang, das Lied vom Scheitern, von der Vergeblichkeit, von Vergessenwerden, vom immerwährenden Zuschutt. Das war nicht vorgesehen. Seit wann auch käme bei den Jahrhundertträumen am Ende heraus, was zu Anfang angezielt war? Es kann doch nicht anders sein, als daß die Angst vor einer Schattenzukunft das ganze Altertum mehr unterströmte, mehr beunruhigte als es zugab. Denn was bevorstand, war Ohnmacht. Wir kennen sie, es ist die, die wir im Halbschlaf, in Träumen erfahren, wenn wir uns nicht wehren können, wenn Schwierigkeiten riesengroß wachsen, wenn wir die Schwächeren sind, wenn sich also die Zukunft als ein graues, riesengroßes Ungeheuer erhebt, aufwölbt, dann scheinen die Kräfte uns zu verlassen: es sind die Boten des Hades.

Neues Matriarchat

Industriegüter, wir wissens, dürfen nicht lange vorhalten, ohne die eigene Mutter, die Industrie zu gefährden. Diese rauhe Mutter lebt von der knappen Lebenszeit ihrer Kinder: leben die Kinder zu lange, krankt und schwindet die Mutter. Wenn die schicken, glänzenden Kinder wie Seifenblasen dahingehen, das bekommt der Mutter am besten; dann freut sie sich, dann gedeiht sie. Die Mutter, die Mutter. Es richtet sich alles nach ihr. Gäbe es sonst keine Anzeichen für die Wiederkehr eines matriarchalischen Uralters, dieses genügte.

Vom Vater ist da nur spärlich die Rede. Er ist die Verschrottung. Er ist die Begierdenerweckung, die Marktweitung. Die Kinder müssen untergebracht, die Söhne gestoßen, die Töchter verheiratet werden. Sein Amt ist, Angst einzuflüstern, daß man nicht auf dem Laufenden, Rennenden, Allerneuesten sei; das wäre der Pranger der Neuzeit. So treibt er das Schwungrad der Szene. Wohl ist er und bleibt er Erzeuger, aber bloß des schnellen Verbrauchs. Er schafft an, um schnell abzuschaffen, er ist die Unruhe. Er ist wie die italienischen Männer: viel Auftrieb, Stehen am Markt, große Reden, Geräusch, viele Gesten, aber das Haus, nicht der Markt, ist der Ort der Entscheidung und die Macht hat im Hintergrunde die Mutter. Sie ist so gewitzt, den Männern die Illusion von der Bedeutung ihrer Geräusche zu lassen; sie hat auch den Sinn für die Komik. Wie wäre sie Mutter, wenn sie sich nicht auf die Kunst des Tolerierens verstünde.

So ist das, so geht das. Es ist die Wirtschaft, die wir gewollt haben, und wenn wir sie auch nicht gewollt hätten, sie wäre doch da, und niemand Vernünftiger wird es sich einfallen lassen, eine frühere Wirtschaft zurückzuwünschen; Wirtschaft hieß immer: sich einrichten.

Wie aber konnten wir in den schülerhaften Fehler verfallen, diese neue Wirtschaft auf den Geist anzuwenden? Sie zum Tyrannen unseres gesamten Lebens aufsteigen zu lassen? Unserer geheimen Neigung zum Totalitären sind wir erlegen, schon wieder. Denn die Bereiche des Denkens haben nichts mit den industriellen Manieren zu tun; sie hier mächtig werden zu lassen, war unnötig, unsere Schwäche. Ob wir der totalen Barbarei anheimfallen oder ob wir uns retten, wird davon abhängen, ob wir die Wirtschaft zwar annehmen, uns einrichten, sie aber auf ihr Feld beschränken. Wollen wir wie die Hunde, wenn sie die Wehrlosen machen, uns auf den Rücken legen und preisgeben?

Mitteilung, Verteilung

Mitteilung: dieses Wort wird für immer unter dem Zeichen der Geschichte von den gespeisten Fünftausend stehen müssen: Vermehrung durch Teilung. Für die Zwölf reicht es nicht, aber für die Fünftausend: für Einen nicht, aber für Zwei. Das ist Mitteilung, Sprache.

Wo Ware verteilt wird, darf es nie schnell gehen. Denn, ob man nun den Vorrat bedenkt, der durch Verteilung schnell schwindet, oder ob man sich in die Lage des Verteilenden setzt, Schnelligkeit ist nicht am Platze. Denn auch nur einen Tag aufgeschoben, und das an jeder einzelnen Dienststelle der vielverzweigten Verteilung, es summiert sich der Gewinn. Vom Verteilungsbeamten erwarten, daß er ein Verhältnis zur Selbstbeschädigung nähre. Verzögerung ist das Heil der Verteilungswelt.

Wie man es wende, Verzögerung muß der Drang der Verteilungswelt sein. Doch gehört es zum Bild, daß er niemals genannt werden darf, das Geheimnis wird weitergeflüstert, nein weitergeschwiegen, verleugnet, nicht einmal sich selbst eingestanden, nur Zeichen verraten seine Anwesenheit: gehäufte Schreibtische, Mißmut, Amtsgram und Überbürdungsklage, der Beamten ureigenste Wehrpflicht.

Das Schneckentempo, wollen wir es der Einfachheit halber Alt-Österreich nennen, weil es so einen Zusatz von Regierungs- und Altersweisheit bekommt, der ihm abgeht, wenn man Planwirtschaft, Sozialwirtschaft oder Wehrwirtschaft sagt, ließe sich natürlich auf mehrfache Weise ein wenig beschleunigen: durch preußische Ideologie, Pflichtgefühl also, oder durch irgendeinen anderen Enthusiasmus, der durch Terror, das Rezept der Kaserne, auch durch Laufbahnversprechen und Ehrgeiz, am ehesten noch durch das Selbstbewußtsein, das uraltes Handwerk verleiht wie beim Arzt und beim Richter. Auch läßt sich in Ausnahmefällen ein Amt so führen, als ob es im freien Wettbewerb stehe. Doch nicht das alles nur zu eines Grundzugs Verhüllung, der stärker hervortritt, sobald die Gründe der Beschleunigung entfallen.

Wie anders, wo der Umsatz die Szene beherrscht. Nicht, als ob die Vertreter dieses Prinzips sympathischer seien. Doch gilt hier das Gesetz: je schneller eine Handlung besorgt wird, desto größer der Gewinn.

Wohlständler

Was ist ein Kleinbürger? Der in das Zerrbild, das sich der Proletarier vom Bürger gemacht hat als eines, der nur besitzt und vom Besitz lebt und von der Kraft Anderer, nun einzuschlüpfen versucht. Alles was er am Bürger zu sehen vermochte, daß er etwas hatte, und mehr wollte, das übernahm er. Was Bürgertum außerdem und eigentlich war in langen Zeiten vor der industriellen Aufrüstung, eine ziemlich enge, sparsam, nach ererbten Tugenden lebende, immer an sich arbeitende, ihre Kinder erziehende, verantwortungsstarke, zuverlässige, immer im Bewußtsein lebende Schicht, daß es etwas zu erhalten, vermehren, bewahren und fortzuerben gebe, was nicht dem Einzelnen gehört, – davon ist beim Kleinbürger nicht das geringste geblieben, er ist eben ein kleiner Bürger, ein Erbe, der sich fremder Lebensformen bedient, in die er nun einschlüpft, ohne etwas eigenes zu erfinden, was über das platteste Haben und Genießen hinausgeht.

Der Tod bringt es fertig, daß diese Wohlständler sich vorübergehend verhalten wie ihre Vorväter zu Zeiten des Dreißigjährigen Krieges, zu Zeiten des Kirchenlieds also. Wenn der Tod auftritt, wenn ihnen Mütter und Freunde hinsterben, bleibt ihnen nichts übrig, als in Lebensformen zu fallen, von denen sie vorgaben, sie seien ihnen entwachsen. Jetzt aber zeigt sich, daß sie nichts haben, was dem Tod standhielte. Sie müssen zu-

ist es. Welches Glück, die Last abzuwerfen, die das Leben so schwer gemacht hat: Person, Gewissen, Selbstbestimmung, kategorischer Imperativ. Welche Erleichterung, das alles von sich zu werfen: eigene Pläne, eigene Meinung, Selbstverantwortung, eigenes Leben und Glück. Wie wohlig, nichts als multipel zu sein. Bloß Stanzstück. Nicht so wichtig, welche Parole gestanzt wird und wer stanzt. So groß ist das Glück der Entlastung.

Dabei hat man von jeher zu wenig beachtet, daß die Idee des Multiplen, des Exemplars, der Serie, der Auflage also, der Schlüssel der Neuzeit, an einem Ort entsprang, an dem man das am wenigsten gern wohnhaft sehen möchte: in Gutenbergs großartiger Erfindung, beim Buchstaben, beim Buch und beim Bilddruck, in der zartesten Mitte des Geistes.

Also verehrungswürdige Herkunft. Heute gehört das nun so zu unserem Leben, daß uns nicht einfällt, gegen den Anzug in Serie, das Wohnhaus in Serie, das Möbel in Serie auch nur das Geringste zu haben, daß wir die seriellen Diener, die uns in Haus und Küche umgeben, vielmehr hoch loben, weil sie uns frei von dem Zwang machen, persönliche Diener zu halten; wir geben den stummen gern den Vorzug.

Die Mode

Mode ist etwas Gutes, sie soll sich auf Tracht, Haartracht und den weiblichen Anteil am Leben beziehen, sie ist das Weibliche am Geist, die gute Laune des Alltags, sie bringt Keckheit, Kaprice, Witz, Spaß ein, ein Kind der Stadt, Überschuß, Luxus. Aber ihrem Wesen nach ist sie Oberfläche. Nun aber hat sie sich mit dem allgemeinen Verbrauch vereinigt, dem Kinde der Herstellung, und ohne daß es sein müßte, hat die Allianz von Verbrauch und Mode auch den Geist ergriffen. Dichter, Maler, Stile sind eine Saison lang Mode, herrschen mit den diktatorischen Gesten, die man der Mode verzieh, solang sie sich mit Rocklängen und Haartrachten abgab. Daß sie nunmehr die Herrin über Denkweisen, Dichtungen wurde, ist verächtlich und es bleibt nichts anderes, als das zu erkennen und Enthaltung zu üben, auch wenn dies ringsum Kopfschütteln, Mißtrauen und Ablehnung hervorrufen sollte.

Manche hören irgendwann auf, sich nach der Mode zu kleiden. Dann tragen sie Baskenmützen, die vor Zeiten, als sie jung waren, das Abzeichen der Fortschrittlichen war. Sie trugen es weiter, als das Neue dann gar nicht mehr neu war, versäumten es, sich abermals dem Neuen zuzuwenden, vergaßen ihre Gesinnung, indem sie sich in ihrer Mütze immer noch fesch und jugendlich und fortschrittlich und dem Neuen zugewandt vorkamen, keck und neuartig und herausfordernd, noch mit fünfunddreißig, und immer noch gab es Welche, die ihnen das abnahmen. Dann wurden sie sechzig, und immer noch dieser Griff zum Haken, mit dem sie die Baskenmütze abnahmen, dieser Griff in die Tasche, aus der sie die Zerknautschte zerrten, um sie sich aufzuziehen, und immer noch das verborgene Gefühl, daß sie jung seien, ein wenig keck immer noch, ein wenig herausfordernd, anders als die Bürger, die Satten, Stumpfen, Gewöhnlichen. Dabei war die Mütze längst etwas anders geworden: zum verräterischen Erkennungszeichen der Überständigen, in der lächerlichen Einbildung befangen, daß sie jung seien, fortschrittlich, ein bißchen keck, nicht nach der Schnur.

Hungerleider

IRGENDWANN wird Jedermann wissen, daß diese Wohlstandsgesellschaft eine Gesellschaft von Hungernden ist. Gut genährt, aber wenn man zusieht: Kollwitzgestalten. Außer Wohlstand fehlt ihnen alles. Übelstand also: glatte, verhärmte, ausgebeutete Satte. Strohgenährte, Verarmte. Mitleid mit diesen Skeletten. Schlägt kein Gewissen? Will man nicht sehen: so kann man dieses Leben nicht leben? Eine Kollwitz, ein junger Hauptmann, der käme, müßte sich dieser Elendsgestalten erbarmen. Noch kam ihr Karl Marx nicht.

Diese Entrechteten, Beraubten: wo sind ihre Träume und Lieder? Wo ihre Aufschwünge? Wo ist ihr Beitrag? Die Allüre später Bürger kopierend sehen sie nicht, was Bürgertum auch war: Stube im Glanz jahreszeitlicher Feste, Kirchenlied, Hebel, und: Der Winter ist ein rechter Mann, kernfest und auf die Dauer, und: Wenn ich einmal soll scheiden, und: Geht auch mir zur Seite, still und unerkannt, daß es treu mich leite an der lieben Hand, und: Ihr liebes Schlafgesindel, ihr, und die Schultheißenstube der Harnischs in Elterlien, wenn sie der verlorene Sohn aus dem Apfelbaum wiedersieht: war das nicht Leben? nicht Wohlstand? war das nicht langher gesammelt, wieder und wieder bedacht, herzlich durchgenommen, verringert, verdichtet, nur das gehärtet Erprobte belassen? wars nicht in Kummernächten geprüft? Ließ sich damit nicht am ehesten Tod, Krankheit, Verlust, Mißlingen bestehen, während jetzt, wo die Versicherung endet, nur ein verlegenes Nichts ist?

Das ist doch die Sklaverei in ihrer neuen Gestalt; diese Leere. Man vergaß, daß Sklaverei sich verändert wie das Böse von jeher, und neue Verkleidungen annimmt, springend, sonst wäre doch keine Verführung. Worüber man jetzt klagt, das ist doch der Zustand, den man mit Fleiß und Eifer herbeigeführt hat. Die Gesellschaft befreit, aber die Summe des Sklavenmuts blieb dieselbe. Und jetzt muß man sehen, Sklaverei, ein Schatten, der mitlief.

Aufstand der Daten und Fakten

VIEL ZU VIEL, was gewußt wird. Aufstand der Massen auch da, im Reich des Gewußten; auch da Machtergreifung der Massen. Aber ist Wissen, das massenhaft ist, auch noch Wissen?

Aufstand der Daten und Fakten. Schwärme von Daten, Horden von Fakten, und noch während sie schwärmen, sterben sie hin wie Insekten. Sie existieren als Menge. Ihre Schwärme, soeben noch das Ereignis des Tags, sind am Morgen, wenn wieder die Sonne aufgeht, bloß noch Halden im Rinnstein, Zusammengewehtes, Schrägen an weißen Feldmauern, mit Blechdosen und knallroten Zigarettenhüllen vermengt. Gespeichertes ohne Gedächtnis.

Dahin also ist es mit den großen Gedanken gekommen: sie sind zu Massen geworden. Wissenschaft ist zur Drangsal geworden, das Gewußte zu Horden, zu Plagen.

Zur Masse rechnet, wer keinen Anspruch an sich stellt, er erwartet alles von Anderen. So auch das massenhafte Gewußte. Wo ist ein Gedanke, der einen Anspruch an sich stellt? Wo ein Gedanke, besessen davon, mehr von sich zu verlangen? Der sich nur als den Schatten von dem empfindet, was er sein sollte? Wo ein Gedanke, der alle anderen ausschließt? Ein einsamer, auf sich selbst verschlagener Gedanke, der seine Wirkung auf die Leute verachtet? Ein Gedanke, der für ein Leben lang ausreicht?

Leichtes Gepäck

Jean Paul hat den Schriftstellern immer wieder empfohlen, eine Stadt, eine Landschaft oder Gesellschaft zu schildern, ohne dort gewesen zu sein, und hat selber wahrhaftig bewiesen, daß so eine Schilderung stärker sein kann als Berichte von Leuten, die dort waren und sich reichlich mit Daten und Fakten versahen. Keiner hat einen Seemorgen auf Isola bella mit solchen Jünglings- und Feueraugen erblickt wie Jean Paul, der aus der Gegend von Hof und Bayreuth nie richtig herauskam.

Doch würde es falsch sein, wollte man das Verdienst nur dem Genie und seinem Hellblick zuschreiben. Die Sache liegt allgemeiner und anders. Jean Paul hatte Nachrichten, er hatte Schilderungen gehört und Reiseführer gelesen. Aber nun sein Rezept, sein Geheimnis. Er verstand es, den Stoff klein zu halten. Nur eine gewisse Menge, nicht zu viele Daten und Fakten. Leichtes Gepäck auf den Flug mitzunehmen, das war es. Denn auf den Flug kam es an, auf die Fracht nicht. Als dann der wenige Stoff, die geringe Last, ein Teil von dem, was Alle haben und wissen, mitaufflog, geschah es, daß alle vor Bewunderung glühten und die Empfindung hatten des Mitflugs. Nun riefen Alle: Welch überirdische Landschaft, welches Glück, was für ein glückliches Land, wer auch dorthin könnte. Dabei hatte der Flug in Hof stattgefunden, in der Stadt mit den grauen Haaren, wie Jean Paul selber sagte. Er hätte auch anderswo stattfinden können, bloß nicht in Isola bella.

Und wieviele sind in Isola bella und an hundert anderen Plätzen gewesen und nicht aufgeflogen.

Habenichtse

Unter Hundert, die einem schwierigen Gedankengange zu folgen vermögen, sind immer bloß zwei oder drei für die Größe eines großen Gedankens empfänglich. Da sind zwei verschiedene Gaben: die Konstruktion und das Funktionieren eines Gedankenganges zu begreifen, oder den Flügelschlag des Gedankens. Unter den Denkern selber scheinen immer nur wenige ermessen zu können, ob das, was sie fanden, nur richtig ist oder ob es zu mehr taugt; immer sind es nur wenige, die in einen großen Gedanken wie in eine Landschaft von Friedrich, wie in den Böhmerwald eingehen können, gewillt sind, darin zu verweilen, sich auch drinnen zu verirren. In der Zeit der Datenmaschinen ist das Raffen und Ordnen, das Organisieren von Wissen die zeitgemäße Begabung; unmerklich verändern die Maschinen das Denken ihrer Erfinder, anders als irgend jemand voraussah. So wirken sie rückwärts auf ihre Erzeuger, Erdenker. Jetzt öffnen die Meisten die Tür zu den goldenen Kammern, prüfen, ob alles seine Richtigkeit hat, nicken, gehn wieder. Es waren bloß die Museumsdiener, die Aufseher. Nichts von den angehäuften, glitzernden, unermeßlichen Schätzen ist Ihres, sie haben auch nichts von der Schönheit, sitzen nur trüb in den Sälen und treten, sowie die Besucher außer Sicht sind, wieder zusammen, sprechen über Tariffragen.

Im Herzen der großen Gedanken

GROSSE GEDANKEN dulden Vereinfachung. Auch simpel führen sie noch Wahrheit mit sich; sie sind dann zuweilen auf eine verblüffend andere Art wahr. Daß sie sich somit nicht scheuen, Armenkleidung zu tragen, ist ein Zug von Nächstenliebe an ihnen. Er beweist, daß sie Herz haben. Ohne Herz wären sie ja auch keine wahrhaft großen Gedanken.

Man kann sich nur wundern, wie dauerhaft sie im Gebrauch sind. Da trifft man sie eines Tags wieder, mittlerweile haben sie sich in irgend einem Kopf aufgehalten, dort sind sie flachgedrückt worden, haben den Grat, die frische Prägung, also ihr Bestes verloren, und dennoch üben sie Anziehung. Womit? man verstehts kaum. Im Vergleich zu dem, was sie waren, sind sie das reinste Basic-Englisch geworden, aber auch so noch bedeuten sie den Leuten etwas. Auf kaum erklärbare Weise blieb ihnen etwas von ihrer Strahlung erhalten. Der Vorgang ist merkwürdig.

Wenn man ihn beachtet, bleibt man vor Hochmut bewahrt. Denn gesetzt, daß man selbst zur halben Berghöhe eines großen Gedankens gelangte, hoch über den Niederungen des Platten: kann man wissen, wie es jetzt noch hinaufgeht? in welche Sphären und Räume? Gipfelfluren? in welche schimmernden Fernen?

Dafür gibt es keinen Lehrstuhl

UMWÄLZUNG. Bricht man den Satz ab, den man beenden wollte, übereilt nichts, legt das Buch hin, in welchem dieses Wort Umwälzung vorkam, fängt man den Blick auf, mit dem das Wort Einen auf einmal so anschaut, daß Einem vorkommt, man habe es nie vorher gesehen –, tut man das alles und stellt sich die Frage, wann man dieses Wort zum langlang vergangenen, allerersten Male gehört hat, so wird sich das Bild einstellen. Denn wir sind voll solcher Bilder. Eine Erinnerung, man verschlampte sie bloß, überging sie, hielt sie für wertlos. Mit der Zeit verdorrte sie auch.

Umwälzung. Ich sehe eine Straßenwalze, eine Handwalze, altertümlich, aber dieser Umstand ist ohne Bedeutung, kommt nur davon her, daß der Gegenstand, den ich da sehe, und die staubige Straße, die ich mitsehe, in Regensburg, zur Donau hinunter, und die Häuser und Bäume-, daß dies alles in Kinderjahre zurückgeht.

Es scheint, daß die Walze in ihrem Innern zur Hälfte mit Sand oder Schotter gefüllt war, denn man hörte, wenn sie geschoben wurde, und ich höre noch immer, ein Schollern. Die Füllmasse geriet dann ins Rutschen, Kies lief dem Schwerpunkt nach, eins zog das andere mit sich. Auf diese Art blieb das Ding auch am Hang stehen, wo eben man wollte.

Umwälzung. Wann immer dieses Wort vorkommt, erscheint sie mir, meine Walze, dieser Oldtimer; ich sehe den komischen Umriß. Ich höre das Rasseln, sehe den blauen Mann auch, seine Mundfalten. Ich wüßte auch noch die Straßenstelle zu finden.

Jedes Wort eine Bildzelle. Fast jedes Wort in einer Zimmerecke, vor einem Tapetenmuster, auf einem Stadtwall, in einer Schulstunde, in einem Abend geortet. Jedes Wort hat seine Geschichte; ich meine nicht die, die man im Wörterbuch nachschlägt, die gelehrte, beweisbare, die man die wissenschaftliche nennt, obschon die private, schlummernde, halbbewußte, die ich meine, des Wissens nicht weniger Wert ist, auch Wissenschaft also.

Jedes Wort eine Bildzelle. Jedes Wort eine Zelle, die mit Frühem gefüllt ist, mit Zellwasser, Duftwasser. Diese Füllungen sind es, die das Köstliche der Sprache ausmachen.

Wir sind ein Archiv solcher Bilder. Wie auch sollten die Augenblicke, in denen wir ein neues Wort kennen lernten, nicht in unserem Gedächtnis bewahrt sein? Wenn ein Wort aus dem Dunkel in unsere Kenntnis eintrat, wie sollte es nicht ein Teilchen Welt mitgerissen, uns mitgebracht haben? Etwas Welt, an der wir nun, welches Glück, teilhatten?

Man kann das alles verleugnen, unterdrücken, verstoßen. Man tut das. Man zieht Worte vor, die so eine Vergangenheit nicht haben, imponierende Worte, die kompliziert sind; die frühen Jahre konnten sie noch nicht aufnehmen. Augenlose, erwachsene Worte; doch der letzte Ausdruck führt irre: sie sind nicht erwachsen, denn sie sind niemals Kind unter Kindern gewesen, also auch nicht erwachsen. Hergestellt, nicht erwachsen.

Weiß der Himmel, warum man auf solche komplizierten Worte erpicht ist. Es wird wohl ein Teil der Lust sein, die nun so Viele ergriff: sich selber zu plündern. Lust am Selbstraub. Aber wenn die Welt bilderlos sein wird, wird sie dann glücklich sein? Gab es je ein Glück ohne Bilder?

Sehen heißt, seine Blindheit loswerden, sagt Max Ernst. Das ist sein ganzes Werk, das ist sein Genius, das ist, was er bewirkt hat. Das ist seine Größe. Eine durchgeriebene Muschel, wie Kinder Pfennige durchreiben, auf die Kante einer durchgeriebenen Diele mit ihren Masern gesetzt –: und du stehst in der Wüste. Am Horizont, heulend einsam, ein Baum, als ob er versteint und versalzt wäre. Dort muß der Rand der Welt sein. Du frierst, welche Kälte.

So viel also wußten die Dinge, ein Brett, eine Muschel.

So müßte ein Max Ernst für die Worte kommen. Ein Philolog, ein Liebender der Worte, und jedes einzelne Wort um seine Erinnerungen befragen, um seine Bildfracht.

Per impossibile. Denn was er herausbrächte, kann nicht gedruckt, nicht aufgelegt werden, verhilft zu keinerlei Lehrstuhl. Das ergibt nichts zum Nachschlagen. Es mitzuteilen, scheint zwecklos. Denn was zu erfahren wäre, gilt immer bloß einmal für Einen. Jeder müßte sich so ein Wörterbuch, so eine Wissenschaft für sich selbst machen.

Es wäre dennoch nicht sinnlos. Diese kleinen nutzlosen Frachten der Worte sind es, die den Duft der Welt halten.

VI · Insel-Lerchen

Der monologische Künstler

Nach einer fürchterlichen Erfahrung scheint dieses Jahrhundert begriffen zu haben, daß praktische Wahrheit sich am förderlichsten im Für und Wider entwickle, in Spruch und Einspruch, Rede und Widerrede und daß alle Mängel, die sich dabei ergeben, eher zu tragen seien als Macht, die keinem Einwand ausgesetzt ist. Bis in die Erfreulichkeiten und Unerfreulichkeiten des Alltags durchdrang diese Einsicht unser Leben und Handeln.

Dem fließt jedoch, davon ausgenommen, unberührt und unangefochten ein stillerer Grundstrom entgegen. Die Wahrheit des Künstlers ist einsam. Die Wahrheit, die auf dem Lebenswege der Kunst erblickt wird, ist ohne den Ausgleich. Sie kommt monologisch zu Stande. Sie bildet sich ohne die Steigerung, die durch den Gegensatz kommt, ohne den Antrieb der Rede. Ihr fehlen die Züge, die aus dem Dialektischen stammen. Sie ist mit sich selbst sprechend, wächst auf Verstummen, ist hörend. Sie ist auch übertrieben. Sie ist auch allgemein gültig. Ja, es ist schlimmer mit ihr: wenn sie allgemein gültig wird, so hat sie sich in ihrem Innern verändert, ist nichts mehr, was sie war, im Augenblick ihres Hervortritts. Denn es ist peinlich zu sagen: wenn ein Kunstwerk berühmt wird, so ist sein Eigentliches dahin, seine Wahrheit bedroht, sein Verfall eingeleitet. Die Wahrheit des Künstlers ist einsam.

Es ist Zeit, anzumerken, daß man bei solcher Erwägung die Begriffe der Kunst und des Künstlers nicht so eng denken dürfte, wie das heut zu Tage geschieht. Unser Zeitalter, dessen Lauf von den sogenannten Wissenschaften diktiert wird, muß alles in Fächer einteilen. Da kann die Welt gar nicht mehr anders als eingeteilt vorgestellt werden, an Fachinstanzen verwiesen. Sogar Theologie ist jetzt ein Fach unter Fächern. Gott wird totgesagt, denn er allein betrifft im Kleinsten das Ganze, auf seine Schaufel wird immer das Lebensganze geworfen. Auch die Kunst ist ein Ganzes. Wo immer ein Leben bedachtsam gelebt wird, da ist das Ganze.

Also, der monologische Künstler. Er ist außer Stande, sich der Debatte zu stellen. Da müßte er etwas verteidigen, was er in keiner Weise besitzt. Auch zu besitzen nicht hoffen kann, weil er von Besitz einen anderen Begriff hat als die Leute; er kann nicht viel halten vom Erwerb einer Sache dadurch, daß man sie mit einem Körperteile bedeckt. Was er aufsucht und vielleicht in Augenblicken erfaßt, kann niemals irgend jemand besitzen. Eben nicht, eben niemals. Seine Wahrheit liegt in der Ferne. Er bereitet nur die Ankunft.

Es lassen sich einige Züge dieses Typus feststellen. Er wird gern allein sein. Der einsame Denker: was für eine unzeitgemäße Figur, wo Fortschritt nur noch im Team erzielt wird. Rings um ihn Stille. Aber wie wenig von dem, was auf die Weise unserer Tage gedacht wird, könnte den Titel des großen Augustinus vertragen, der Soliloquia heißt: Selbstgespräche. Wie Weniges ist von der unverkennbaren Aura des Alleinseins umschrieben, von der jedes Aquarell von Paul Klee oder Wols zeugt; wie wenig ist mit sich im Reinen.

Man kann dies Denken auch ungeschützt nennen. Verständlich, da der Künstler anderes im Sinn hat, als sich zu verteidigen, zu unterdrücken, Einfluß zu nehmen, etwas durchzusetzen. Er kann nicht hoffen, auf der Spur, die er aufnahm, irgend weiter zu kommen, wenn er durch üble Gerüche gestört wird; ein Besuch, der querliegt, eine fremde Stimme, die nachhallt, kann ihn Tage lang aus der Bahn werfen. So ist dieser Typus störbar, verletzlich, wenig weltfähig. Er ist geradezu dazu bestimmt, angegriffen zu werden; seine Weigerung, sich zur Wehr zu setzen, reizt, ihn zu verletzen; er ist zu unverschuldeten Ärgernissen geschaffen. Dazu stimmt auch, daß er in der Rede und Gegenrede auffallend schwach ist. Schweigsam und tollkühn, übertreibend, alleinig, verletzlich, so lebte von jeher der Künstler.

In einem Zeitalter, das sich wohlweislich der dialogischen Wahrheitsfindung verschrieb und damit wohlfährt, gleicht der Künstler in seiner monologischen Schaffensweise dem Ketzer. Er verfehlt seine Mission, wenn er seinen Platz bei der Mehrheit sucht.

Ich liebe die Maler und Bildner auch deswegen, weil sich bei ihnen Künstlerschaft reiner als bei den Schreibern erhielt. Ich sehe dort mehr Alleingang, mehr Bereitschaft, ohne Rücksicht auf den Bedarf auszutragen, mehr Begabung, also mehr Vertrauen auf die Mitgabe, Schöpfer- oder Schicksalsgabe, mehr Ergebung in den Amor dei oder fati.

Der archaische Künstler

Wie wir es allermeist machen: ins Museum kommen, hergehn und meinen, ein Bild müsse uns in dem Augenblick, wenn es uns paßt, alles was es weiß aufsagen: welcher Hochmut.

Wir sind im Begriff, die Welt bloß noch angefüllt mit Gegenständen zu sehen; es sind aber Dinge. Über einen Gegenstand kann man verfügen, ihn ausrechnen, anstellen, abstellen. So werden Dinge, denen man ihr Wunder, ihr Rätsel, also ihre Macht wegnahm, zu Gegenständen über die wir wie über Sklaven verfügen.

Wie sollten wir es da nicht mit denen halten, die uns das Wunderbare, das Rätselhafte der Dinge noch für eine Weile herbeiziehn? mit den Malern, den Künstlern?

In den Malerstuben, den Künstlerstuben ist alles beim Alten geblieben. Die Welt hat sich umgedreht, wieder und wieder, aber beim Künstler ist alles beim Alten geblieben, so gern er vielleicht mit dabei wäre. Immer noch dieses alte Vertrauen in die Ahnung. Immer noch dieses Warten darauf, daß sich etwas von selber darstelle, mitten in einer Welt, die alles und jedes herstellt. Immer noch diese uralte Mühe mit eigenen Händen, als seien nicht längst schon Maschinen erfunden, die es besser machen. Immer noch dieser rückständige Glaube, daß Mühe Glück bringe. Immer noch die uralte Geduld, diese Mutterlauge des Einfalls. In den

Künstlerstuben, immer noch dieses alte Vertrauen ins Selbstgespräch, ins Alleinsein.

Wenn man zu Künstlern kleineren Rangs kommt und ihre Angelegenheiten vernimmt, ihnen zuhört, so wird man bald inne, daß sie sich nicht anders als ihre berühmten Kollegen im Zentrum vielfältiger Aufmerksamkeit, in der Mitte vieler Geschäfte als wichtige Hauptperson sehen. Davon wußte man gar nichts. Ihr Ruhm bringt ihnen Last. Man wußte nicht, daß ihr Ruhm ihnen Last bringt, es entging Einem, daß ihre Öffentlichkeit bis zum Horizont reicht, nicht anders als es beim großen Ruhme der Fall ist.

Sind es nicht die Fragen der Selbsttäuschung, der ewigen Eitelkeit und einer hohlen Situation, die hierbei nachdenklich machen? Nur solcherlei Schlüsse aus solchen Situationen zu ziehen, hieße eine Moral daran knüpfen und das wäre offensichtlich zu wenig. Ernster und wichtiger ist, daß Künstlerschaft, die Konzentration auf das Eigene, der Zwang, einen unbegangenen Weg zu gehen, den noch keiner beging, – denn nur das kann Künstlerschaft heißen, – die notgedrungene Wichtignahme des Werks, der Ausschluß von Welt und vor Zudrang, große Gefahr bringt. Er bringt die Gefahr, die Beziehung zum Nächsten leidvoll, bisweilen hoffnungslos zu stören. Bei den kleineren Rängen tritt als Groteske nur deutlich hervor, was den großen verziehen wird.

Dionysischer Genius

Ich sah in Byzanz ein Bruchstück eines Mosaiks, das einen schwärmerischen Jünglings-Kopf zeigte; von der einen Schulter erhob sich eine riesige Schwinge, die andere Schulter und der andere Flügel war nicht mehr da. Ein kurzer Frühlingsregen war vor einer Viertelstunde darübergegangen, so war alles tau-frisch. Dann war noch der Rachen einer Tigerkatze zu sehen, oder war es ein Panther. Das ließ auf den Gott Dionysos schließen, aber war der geflügelt? Mir nicht bekannt, daß der Gott, so vielgestaltig er auftrat, je Schwingen gehabt haben sollte.

Der Flügel dieses Genius war größer als die gesamte Gestalt, und aufgerichtet, als sei der Beschwingte soeben vom Himmel herabgefahren. Wäre das Mosaik nicht unzweifelhaft aus vorchristlichen Zeiten gewesen, ich hätte den Geflügelten für einen Engel gehalten.

Aber das Bild des antiken Jünglings, des Hochtrainierten, der viel von sich fordert und adelig unzufrieden mit sich ist, ist ja in das Bild der Engel und der Heiligen übergegangen; das war es, was mir bei diesem Mosaik-Rest wiederum deutlich war. Überall, in den Mosaiken in Thessaloniki und in Daphni, auch in Venedig in der Schatzkammer von San Marco, Sankt Michael auf der Paradieses-Wiese, kann man diese antiken Jünglinge als Engel und Heilige sehen. Wenn nichts anderes, sollte allein dieser Umstand die Trotz-Idee Nietzsches, die immer noch umgeht, vom gesunden

Heiden- und siechen Christentum durchstreichen; es war aber wohl weniger eine Idee als eine Hetze. Wer den Übergang des antiken Jungmanns auf den christlichen Heiligen oder Engel nicht wahrnimmt, kann den Blick für das spätere Griechische, das man byzantinisch nennt, nicht gewinnen. Er wird blind dafür bleiben, daß es die Größe der Griechen im Mittelalter war, daß sie ihr Altertum nicht verrieten, den Verlust trugen. Wer die Größe des Vorgangs nicht sehen will, die darin liegt, daß man den Jünglingen der Antike eines Tages Flügel antat und sie Michael, Gabriel, Sergios, Bacchos und Dionysios nannte, der bringt sich um Vieles.

Die byzantinischen Meister schwelgen in diesen Sternenwind-Mänteln. Wenn Byzanz nichts hervorgebracht hätte als diese Schwingen, es wäre Grund genug, es zu lieben.

Wie so vieles Hellenische, das später römisch umgedacht wurde, verloren auch die byzantinischen Engel im Westen ihr Bestes. Da sind die Engel zu einem Personal des Himmels geworden, zu Dienstgraden. Aber die mächtigen Flügel, wie ich sie schon an dem dionysischen Genius auf Delos sah, beweisen ja, daß sie im Hellenischen etwas anderes waren: nur augenblicklich, momentan, kommend. Ihr Wesen war Auftritt. Nur erscheinend waren sie Engel. Dann nichts mehr. Was muß das für ein Leben gewesen sein, ein sehr anderes Leben. Immer Nachricht, die aus dem Unbegreiflichen kam. Welche Spannung, welcher Wohlstand. Da diese Engel ja nicht bloß Bringende waren, auch Holer. Sie trugen auch Gebete nach oben.

Was die Prosa von der Malerei lernen kann

Nicht einzusehen, warum im Laufe der Neuzeit das Wort Riß durch das neue Wort Plan ersetzt wurde; noch zu Gottscheds und Sulzers Zeiten hat man Plan auf französisch durch die Nase gesprochen. Das Wort Riß muß mißfallen haben: zu schmerzhaft. Dürer, der überzeugt war, daß die Schönheit sich in den Dingen verstecke und wer die herausreißen kann, hat sie, hat das Münzenhafte des Wortes Riß, Avers und Revers, gewiß mit Vergnügen empfunden, zumal es für ihn ja ein Lebenswort war; sicher hat er mehr an das Zeichnen, für das er Reißen sagte, als an das Entreißen gedacht, denn noch war Riß und Zeichnung dasselbe. Dinge in Zeichen verwandeln, die beinahe Schrift sind: das ist Plan, das ist Riß, das ist Zeichnung.

Aber Plan ist Verschlüsselung: Fachsprache der Bauleute, Zeichensprache. Wäre Riß noch für Zeichnung in Übung, so wäre deutlich geblieben, daß Zeichnung immer eine Verschlüsselung ist. Wie das Gedicht auch.

Eine Verschlüsselung freilich, die aufschließt. Grund- und Zauberformel der Kunst: Verschlüsselung, die aufschließt. Es ist gut, sich das wieder und wieder zu sagen. Denn was am Tag liegt vor Aller Augen, gibt nur vermeintlichen Aufschluß, aber Kunst läuft über Verbergung. Da wird Lebendiges unter Siegel genommen; verschlüsselt. Wo viel Zugreifens ist, muß man Vieles verschließen, steht bei Jesus Sirach zu lesen. Der Künstler: der ewige Erste, der eine Landschaft begeht, in der sonst Alle zu Haus sind. Jeder, der so geht, hat Recht, sich einen Künstler zu nennen. Dichter ist, wem rätselhaft scheint, was den Anderen klar ist. Ein Baum, gut. Bei Cézanne ist er ein Wimpelstock, der blau und grünblau besteckt ist und wehend, flatternd sich selbst fragt: wer eigentlich bin ich?

Was den Anderen leicht durchschaubar und völlig erklärlich erscheint, bleibt dem Maler ein ewiges Rätsel. Er kommt bis ins hohe Alter nicht weiter: nur aus Verschlossenem kommt Aufschluß und nur aus dem Rätsel kommt Rat.

Nur wo Rätsel ist, da ist Rat

Rätselwort, Schlüsselwort. Man wird sich hüten, es aufzulösen, weil es dann sein Geheimnis verlöre. Man wird sich aber auch hüten müssen, es nicht aufzulösen und es bloß so am Ohr vorübertriefen zu lassen. Ein Feld zwischen Verschlüsselung und Aufschluß, eine Zone zwischen Versiegelung und Lösung, ein Bereich zwischen Geheimnis und Auslegung wird immerfort unser Aufenthalt sein: halt ein Vorfeld.

Denn wo Verschlüsselung ist, da ist Aufschluß, das Wort sagt es und das Wort kann nicht lügen, das tun höchstens wir mit dem Wort, indem wir es verraten, indem wir nicht mehr anerkennen, was Wort ist, abfielen. Wo Verschlüsselung ist, da ist möglicher Aufschluß; wo Rätsel ist, da ist Rat, das Wort sagt es. Ich bin so gelehrt und glaube mit Vielen, daß das Wort wissender ist als ich, der es im Mund führt; das ist ein Theologicum ohne Zweifel, vielleicht ein Kryptotheologicum, also doch eins.

Also, wo Rätsel ist, da ist Rat. In Verschlüsselung ist möglicher Aufschluß, es wäre denn Afferei und Geschwätz, was als Rätsel auftritt, Wortflitter. Rebus: so wird seit alters eine gewisse Form des Rätsels genannt; rebus, durch Dinge, durch Bilder. Das Wort, wörtlich genommen, gibt Rat. Rätsel ist, was im Zwang etwas hergibt. Nicht so, daß aus Rätselhaftem immer Rat kommen müsse, aber wenn von irgendwo Rat kommt, so aus Rätsel. Im Rätsel ist möglicherweise Rat. Bloß in der entzauberten Sprache der modernen Wissenschaft, wo sie sich selber gewiß ist, da freilich ist Ratlosigkeit. Da ist das Wort als Vokabel. Das entzauberte Rätsel: das Ausgeleuchtete, Aufgeklärte, das schattenlose Erhellte. Keine Frage mehr, also auch keine Antwort, kein Rätsel. So wächst natürlich kein Rat.

Zeit der Auswanderung

War ein gemaltes Bild je ohne Auftritt zu denken? ohne Szene? Immer war Auftritt und Szene, Atelierfrühstück und Frühstück im Freien, eine Kaisererschießung, Schwur der Horatier und Reich der Flora, Weltangst, die über Fjorde zog, der Sozialismus des jungen Picasso und sein (mit ihm altgewordener) Glaube, daß der Mensch von Geburt, also eigentlich gut sei, seine Bukolik, sein Stierkult, seine Torerofolklore. Und selbst wenn die Bühne menschenleer war, tiefer Horizont, böhmisches Mittelgebirge, eisige Wälder, Ruinen, Bergspitzen von aufströmenden Nebelschwaden enthüllt, so war es doch nur, als ob ein Ergriffener seinen großen Monolog hätte; auch Auftritt.

Also immer Auftritt und Szene, durch die Jahrhunderte, und immer lag dem zu Grunde, daß Kunst die Geschichte spiegle, den Weltplan. In den alten Zeiten war es der göttliche Weltplan, was sonst auch, und später einer der vielen Weltpläne, welche die Menschen sich ausgedacht hatten, derenwegen sie sich verfolgt und erschlagen hatten und die sie eines Tages wie etwas Abgetragenes ablegten, einen Lebensplan, einen Erziehungsplan, einen Wirtschaftsplan, einen Glücksplan. Einen Plan, der emporführe.

Dann aber wanderte Kunst aus. Denn der Weltplan der Neuzeit, das ist die erforschte, gesteuerte, ausgerechnete Welt, die ergriffene, und hiervon mußte Kunst auswandern. Da dieser Weltplan total ist (und nicht, wie Gutmütige fortträumen, ein Fach unter Fächern), so gibt es nichts unerschüttertes Anderes daneben.

Als sie dies einsah, ist Kunst aus der Mitmacht in die Ohnmacht gegangen. Nun kann sie nichts ändern wollen. Keine Verbesserungen, keine Gegenvorschläge; keine Umwälzungen, die sie betriebe. Kunst mußte über sich umlernen. Sie kann nur auswandern, sich trennen, überleben, abwarten, fortglimmen. Am ersten begriffens die Bildner: sie haben die Szene verlassen. Dieses Verlassen der Szene, ein so deutlicher Auszug, wurde später als eine Methode zu malen verstanden, aber das wars nicht. Es war die Erkenntnis: nun wird um die Kunst die Luft des Exils wehn.

Selbsterniedrigung

Kurios, daß die Bilder unseres Jahrhunderts zwar mächtige Anziehung üben, alle Leute strömen herbei, alle starren sie an, aber selten wagt jemand die Frage zu stellen, was so ein Bild eigentlich sagt. Alles redet von Formproblemen, so als habe man selbst Ateliersorgen. Alles tut, als komme hinter dem Augapfel nichts mehr und als sei Kunst an dieser Körperstelle zu Ende. Man verhält sich, wie man es selbst nennt: rein optisch. Man hat sich verkümmert, man ist bloß noch fotographische Linse; die ist zwar erfunden, um eine Dienerin des Auges zu sein, aber man weiß ja, in den Dienern schlummern Tyrannen. So besiegte die Linse das Auge. Das Sehen befleißt sich, Dienerkleidung zu tragen, einem optischen Instrumente recht ähnlich zu sein: alles ein-, alles durch sich hindurchlassend, alles schluckend und speichernd, alles und nichts wissend, nach tausend Erfahrungen unerfahren, wie Mädchen. Nach Augenblikken, von denen man denken mußte, sie hätten von Grund auf verwandelt, ist alles wie vorher.

Schweiger

Wie still es ist in einem Raum voller Bilder. Es ist so vieles zersagt worden, fast alles; da sind Bilder, die ohne Worte bestehen, ein Wunder. Sie sind nicht angegangen vom allgemeinen Gewäsche. Sie wollen nicht einmal recht haben. Sonst dieses fieberhafte Verschreien, dieses sei wichtig und jenes zur Kenntnis zu nehmen, und kaum ist das eine zur Kenntnis genommen, so wird es betäubt von einem neuen Geschrei und wieder ist etwas dringend zur Kenntnis zu nehmen. Und das alles ist eine Schule des Nichterinnerns, eine Einübung im Schemenhaften, es ist die Eingewöhnung bei Schatten. Die Neuigkeit hat die Wahrheit gegessen und die Kenntnisnahme das Wissen. Da muß es ein Glück genannt werden, daß die Bilder, wenigstens sie, sich im Verschwiegenen üben.

Die Insel-Lerchen

Nie wird mich jemand davon überzeugen, daß Kunst etwas anderes sei als überwundenes Leben. Das Wort Wunde, das anklingt, muß mitgehört werden. Überwunden wird eine Krankheit; daß Leben etwas in dieser Richtung Liegendes ist, wird man auch ohne besonderen Schwachsinn nicht leugnen. Würde man jedoch folgern, man solle deswegen der Langenweile in ihren verschiedenen Masken künstlerisch Raum geben, sich also dem Vulgären, dem Haß, dem Ekel, dem höhnischen Zorn oder der kurzen Ekstase verschreiben oder sich und die Anderen durch ein Hantieren mit Scheinproblemen aufhalten, die niemanden wahrhaft bedrükken, mit scheinbarem Tiefsinn, der dumpfige Bewunderung schafft, so wäre das eine Art Kurzschluß, der ohne Widerstand, ohne Nutzen verläuft: denn Leere läßt sich ja nicht mit Leere auffüllen. Kunst, eine Überwindung der Krankheit des Lebens. Deswegen die Insel-Lerchen, die in fantastischen Schmettersängen aufsteigen. Es ist keine Neuigkeit, wenn man feststellt, daß Melancholie nichts mit Trübsinn, Unlust und Langerweile zu tun hat. Melancholie, deren Verwandtschaft zur Musik offenbar ist, ist nicht im Schema von Optimismus und Pessimismus zu denken. An den Malern vermag ich diese Strukturen fast reiner zu sehen als an den Schriftstellern. Großmeister der Melancholie, wie es Werner Heldt, Bissier, Oelze, Tapies sind und wie viele Andere, stellen dar, was damit gemeint ist. Denn es grenzt an Erpressung: Ist erst die mindeste Hinderung erreicht, Neumond, so muß, muß es umschlagen. Die Insel-Lerchen: ihr Singen über Ruinen, über der Steppeninsel im Meer unserer Sehnsucht, soll eine Oberstimme sein, ihre immer wiederholte Anstrengung, zu loben.

Ich höre, die Lerchen seien, wie die Schmetterlinge, Käfer und andere Beuten unserer stummen Frühlinge, verölten Wässer und Qualme, im Rückzug. Wird schon so sein. Die aber noch da sind: werden sie deswegen aufgeben?

Nachwort

Die Gedanken, Ein- und Zufälle, die Erhart Kästner auf Wanderungen, nach Freundesgesprächen und Gelegenheiten besonderer Art, beiläufig notierte, später mehrfach überarbeitete, mit Bildern, Gestalten, Erfahrungen seiner Erinnerung auflud und für künftige Veröffentlichungen bereit hielt, hätte er selber in der vorgelegten Form nicht herausgegeben. Er war an der Idee des Kunstwerks orientiert, das auch noch als Bruchstück – im Gegensatz zum Schrott technischer Werke – anspruchsvoll sein kann, nämlich als stille Aufforderung an den Betrachter, mitdenkend und nacherlebend den Torso zu ergänzen.

So schien es vertretbar, Kästners hinterlassene Fragmente zu sammeln, zu ordnen und seinen Werken nachzutragen. Überraschenderweise fügten sich die Bruchstücke zwanglos in eine mehrteilige Ordnung.

Neben Daseinsgrundproblemen wie Zeit, Geschichte, Zukunft, Sprache, Schmerz und Tod geht es um Grundlagen der modernen Zivilisation: Wissenschaft, Technik, Herstellung, Verbrauch; vor allem aber um Figuren des täglichen Lebens, verdichtet zu Modellen des Zeitgeists wie Wohlständler, Habenichtse, Langweiler, Auswanderer, Schweiger, Künstler, Einsiedler.

»Aisthesis« wäre für diese metalogische Anschauungsweise der zutreffende Begriff. Freilich muß man das griechische Pathos und Ethos heraushören, mit dem Erhart Kästner Menschen und Dinge in ihrem Selbst- und Anderssein gelten läßt und so ihre besondere Würde wahrt.

Dieser »amor rei«, Grundtenor seines letzten Werkes »Aufstand der Dinge«, wiederbelebt Formen urgriechischer Seinsfrömmigkeit. Sie ist kein Romantizismus, sondern meint einen existentiellen Widerstand gegen den technischen Leviathan, der die Freiheit des Menschen, ebenso wie die Natur der Dinge, zwar unauffällig aber beharrlich bedroht. Vor dieser tödlichen Gefahr bewahrt uns allein das Wort, die freie, von keinerlei Interesse gesteuerte Rede, von keinerlei wissenschaftlicher oder weltanschaulicher Terminologie domestizierte Sprache, also das dichterische Wort, in dessen Dienst auch alle Künste stehen, selbst wenn sie sich sprachlos geben.

Kästner bejaht die Technologie als Grundgesetz des modernen Lebens, aber ihn ängstigt ihr Totalitätsanspruch, ihre demiurgische Tendenz, die Welt von Grund auf neu zu machen. Die Begeisterung, mit der heute viele Zeitgenossen dieser Utopie unbekümmert anhängen, der Jubel, mit dem sie in die Automobilität des Daseins einzuschwingen bereit sind, verstellt die Gefahr. So rät Kästner zu radikaler Nüchternheit gegenüber den Apparaturen und Armaturen unserer Zeit, läßt sie zwar gelten als Mittel zur leichteren Daseinsbewältigung, zur Entlastung insbesondere von äußerer Drang- und Mühsal, verwehrt ihnen aber jede Herrenrolle, macht sie zu schlichten Dienern der Menschlichkeit.

Aber wie geschieht das? Wer oder was ist überhaupt

in der Lage, den stürmischen Andrang der technischen Gewalten Stand, ihren Übermut, ihre Übermacht in Schach zu halten?

Es ist bereits, aber nur halb gesagt: das freie, von allen technischen, ökonomischen, politischen Interessen unabhängige, den Menschen unmittelbar ansprechende Wort; zu ergänzen ist nur noch: der Liebe, deren evangelischen Ursprung Kästner immer bewahrte.

Alle hier vorgelegten Bruchstücke aus Kästners Werkstatt sind als Zeugnisse der Sorge um ein menschenwürdiges Dasein im Atomzeitalter zugleich Bekenntnisse zur christlichen Nächsten- und Fernstenliebe.

Heinrich Gremmels

Inhalt

III EIN TEUFELKSKREIS

IV NEUE SKLAVEN

V TOTENÄCKER

VI DIE INSEL-LERCHEN

Philosophie
im insel taschenbuch

Augustinus: Bekenntnisse. Lateinisch und Deutsch. it 1002
Jakob Böhme: Aurora oder Morgenröte im Aufgang. it 1171
Giordano Bruno: Das Aschermittwochsmahl. it 548
Epikur: Philosophie der Freude. Briefe, Hauptlehrsätze, Spruchsammlung, Fragmente. it 1057
Erasmus von Rotterdam: Das Lob der Torheit. Mit den Randzeichnungen von Hans Holbein dem Jüngeren. it 369
Kant-Brevier. Ein philosophisches Lesebuch für freie Minuten. it 61
Sören Kierkegaard: Briefe. it 727
– Tagebuch des Verführers. it 405
Niccolò Machiavelli: Der Fürst. it 1207
Philipp Mainländer: Philosophie der Erlösung. it 1148
Meister Eckhart: Das Buch der göttlichen Tröstung. it 1005
Michel de Montaigne: Essays. it 220
Thomas Morus: Utopia. it 1206
Friedrich Nietzsche: Also sprach Zarathustra. Ein Buch für alle und keinen. it 145
– Der Antichrist. Versuch einer Kritik des Christentums. it 947
– Ecce homo. it 290
– Die fröhliche Wissenschaft. it 635
– Die Geburt der Tragödie aus dem Geiste der Musik. it 1012
– Götzen- Dämmerung oder Wie man mit dem Hammer philosophiert. it 822
– Jenseits von Gut und Böse. it 762
– Menschliches, Allzumenschliches. Ein Buch für freie Geister. it 614
– Morgenröte. Gedanken über die moralischen Vorurteile. it 678
– Unzeitgemäße Betrachtungen. it 509
– ›Wie man wird, was man ist.‹ Ermutigungen zum kritischen Denken. it 1096
Jean Orieux: Das Leben des Voltaire. it 874
Blaise Pascal: Größe und Elend des Menschen. Aus den »Pensées«. it 441
– Über die Religion und über einige andere Gegenstände. it 1008
Platon: Phaidon. it 379
– Theaitet. it 289
– Das Trinkgelage oder Über den Eros. it 681
Jean-Jacques Rousseau: Bekenntnisse. it 823
Arthur Schopenhauer: Aphorismen zur Lebensweisheit. Vollständige Ausgabe mit Erläuterungen und Übersetzung der fremdsprachigen Zitate. it 223

167/1/6.89